Edition Maritim

ELSBETH GUGGER · HANS ZAGLITSCH

Hausbooturlaub NIEDERLANDE

Die nördlichen Provinzen

EDITION MARITIM

Die Autorin möchte sich ganz besonders bei Filou (Barbara Badertscher), Sabine Rieger sowie Arjan van den Bosch für die tatkrätige Unterstützung bedanken.

Autor und Verlag übernehmen für Irrtümer, Fehler oder Weglassungen keinerlei Gewährleistung oder Haftung. Die Pläne dienen nur Orientierung und nicht zur Navigation; sie ersetzen also keineswegs offizielle Seekarten oder andere offizielle nautische Unterlagen.

Bibliografische Information der Deutschen Nationalbibliothek
Die Deutsche Nationalbibliothek verzeichnet diese Publikation in der Deutschen Nationalbibliografie; detaillierte bibliografische Daten sind im Internet über http://dnb.dnb.de abrufbar.

2., korrigierte Auflage 2013
ISBN 978-3-89225-707-3

Text: Elsbeth Gugger (E-Mail: egugger@gmail.com)
Fotos: Hans Zaglitsch (www.hans-zaglitsch.com)
Bearbeitung: Anna Bunde
Karten: Helmuth Flubacher, Flubacher Grafisches Atelier
Layout: Gabriele Engel
Lithografie: Lithotronic, Berchtesgaden
Gesamtherstellung: Print Consult, München

Delius Klasing Verlag, Siekerwall 21, D-33602 Bielefeld
Tel.: 0521/559-0, Fax: 0521/559-115
E-Mail: info@delius-klasing.de
www.delius-klasing.de

Inhalt

Friesland

Saftig grüne Wiesen mit grasenden Kühen – und dazwischen immer wieder Wasser: Das ist die Provinz Friesland, ein Paradies für Freizeitkapitäne und Bootsurlauber. Wer mit dem Schiff die flache Landschaft im Norden der Niederlande erkundet, einen der 30 Seen durchquert oder die vielen charakteristischen Dörfer besichtigt, findet Erholung pur.

NORD
Aquädukt de Geau
Sneek
Houkesl
IJlst
Wide Wimerts
Osingahuizen
Heeg
Johann Frisokanaal
Jaa
Kûfurd
De Welle
Woudsend

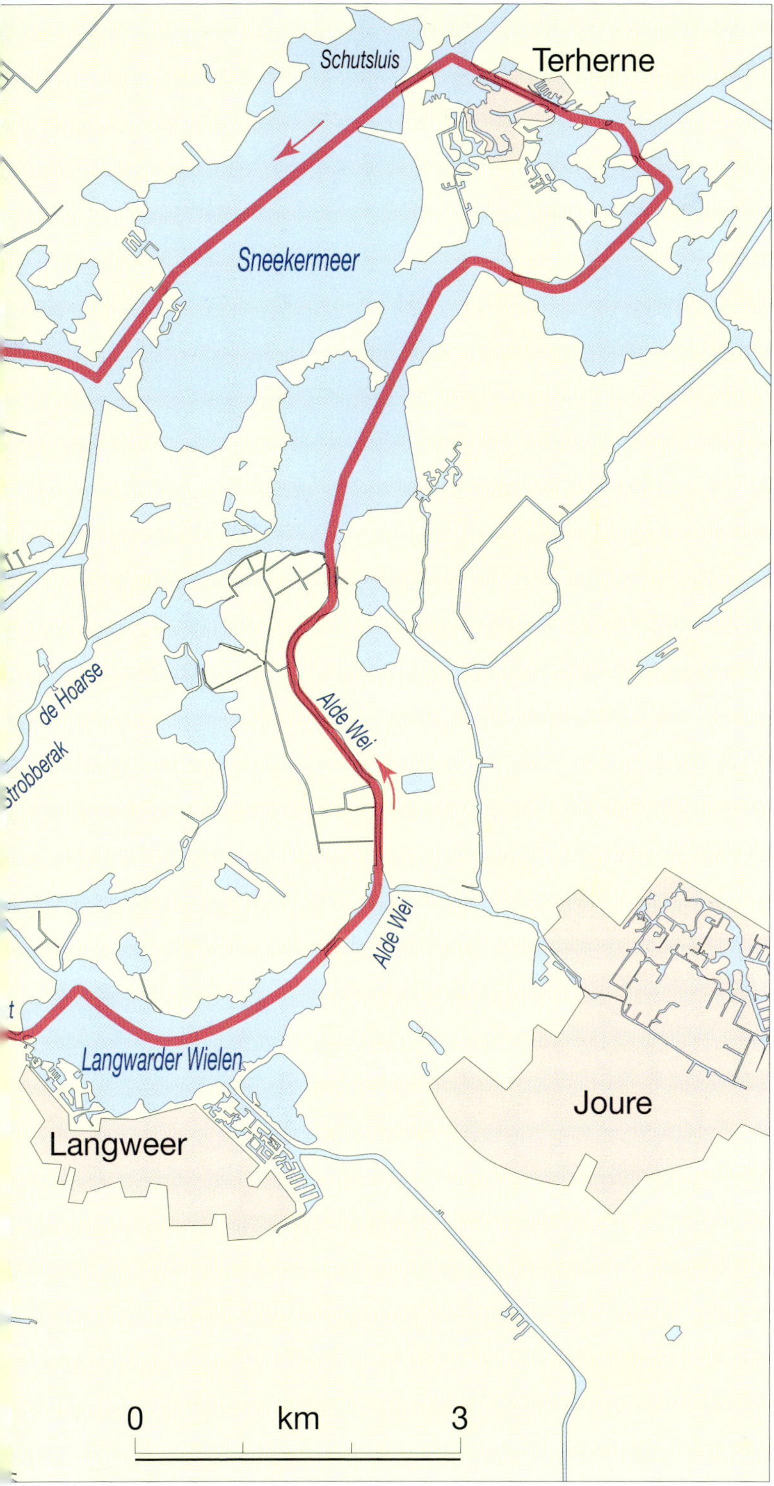
Schutsluis
Terherne
Sneekermeer
de Hoarse
Strobberak
Alde Wei
Alde Wei
Langwarder Wielen
Langweer
Joure
0
km
3

1. Route: Im Herzen von Fryslân

Entfernungen	
Sneek–IJlst	5 km
IJlst–Heegt	5 km
Heegt–Langwarder–Wielen (Langweer)	8 km
Langwarder–Wielen (Langweer)–Terherne	12 km
Terherne–Sneek	9 km
Insgesamt	**39 km**
1 Schleuse (steht meist offen)	
Karte: ANWB Waaterkarte B – Friesland	

Die Provinz Friesland ist eine der populärsten Urlaubs- und Erholungsregionen der Niederlande. Hierher ziehen sich viele Menschen aus der *Randstad* zurück, wenn sie den Stress in diesem wirtschaftlichen, politischen und kulturellen Ballungszentrum zwischen Amsterdam, Rotterdam, Den Haag und Utrecht hinter sich lassen wollen. Gleichzeitig ist Friesland eine beliebte Feriendestination für ausländische Touristen. Das Gebiet, das buchstäblich flach wie eine Flunder ist, wird von Radfahrern und Wanderern gleichermaßen geschätzt wie von Seglern und Hausbootskippern. Die Landschaft ist abwechslungsreich: prächtige Alleen mit jahrhundertealten Buchen, schwarz-weiß gefleckte Kühe auf grünen Weiden und zahlreiche Kanäle, auf denen die unterschiedlichsten Boote fahren. Dazwischen wimmelt es geradezu von kleinen Städten und Dörfern, deren Bewohner die Fremden freundlich begrüßen. Viele tun das auf Friesisch, der zweiten Sprache, die neben Niederländisch in der Provinz *Fryslân* – so der friesische Name – gesprochen wird. Übrigens sind nicht nur auf den Straßen sämtliche Ortstafeln zweisprachig, seit ein paar Jahren sind auch alle Schilder an den Wasserwegen in beiden Sprachen beschriftet.

Das imposante alte Stadttor (Waterpoort) ist das Wahrzeichen von Sneek.

Sneek

Als Hochburg des niederländischen Wassersports ist Sneek ein idealer Startpunkt für Hausbootreisende, die vor der Abfahrt aber unbedingt einen Spaziergang durch das hübsche Städtchen mit seinen vielen Grachten und Kanälen machen sollten. Der Stadtkern entstand im 13. Jahrhundert auf einer typisch friesischen *terp* oder Warft. Auf solchen künstlich aufgeworfenen Hügeln bauten die ersten Bewohner ihre Häuser zum Schutz vor dem Wasser und dem sumpfigen Umland. Die Stadt wuchs und wurde zu einem wichtigen Handelszentrum. Ende des 15. Jahrhunderts ließ Kaiser Karl V. eine Stadtmauer mit fünf Wassertoren bauen, von denen aber nur noch eines erhalten ist. Heute ist es das augenfälligste Bauwerk des Ortes und das einzige seiner Art im ganzen Land. Der *Waterpoort*, wie die Einheimischen sagen, besteht aus zwei achteckigen Türmen mit einer reich verzierten Mittelpartie, unter der die Schiffe durchfahren können. Übrigens geht die Uhr auf dem Giebel fünf Minuten vor. Dieser alte Brauch stammt aus jener Zeit, als das Tor nachts noch geschlossen wurde. Damit sich die Menschen nicht zu spät am Tor einfanden, wurde die Uhr fünf Minuten vorgestellt.

Sehenswert sind die klassizistischen Fassaden der Häuser auf beiden Seiten der nur knapp hundert Meter vom Wassertor entfernten Grootzand-Gracht. Das Rathaus auf der Marktstraat, das man über

Sneek ist nicht nur das Zentrum für Wassersportler, sondern auch für Liebhaber alter Architektur ein interessanter Ort wie man am Beispiel der Giebel (rechts oben) und des Rathauses (oben links und unten) unschwer erkennt.

Am Ortseingang von IJlst werden Hausbooturlauber von der Mühle De Rat begrüßt.

Schaapmarktplein und Peperstraat erreicht, hat einen Rokokogiebel aus dem 18. Jahrhundert. Wer sich für die reiche maritime Vergangenheit von Sneek interessiert, kommt im Schifffahrtsmuseum voll und ganz auf seine Kosten.

Gastronomisch hat die Stadt einiges zu bieten. Es gibt eine breite Palette an Spezialitätenrestaurants, von indonesisch über griechisch bis italienisch. Außerordentlich lecker sind die Krebssuppe oder das Chateaubriand im Restaurant De Kastanje, das auf seinem Schild »mehr als Essen« verspricht – und dieses Versprechen mehr als einhält. Wer nur etwas trinken möchte, findet viele Kneipen und Cafés mit einer Terrasse am Wasser.

Geschäfte gibt es in Sneek in Hülle und Fülle. Selbst das Bekleidungsunternehmen C&A betreibt hier eine Filiale. Erstaunlich ist dies nicht, schließlich haben die Firmengründer Clemens und August Brenninkmeyer 1841 hier ihre allererste Niederlassung eröffnet. Lebensmittel für die Kombüse finden Sie in den Supermärkten, die Mo bis Sa von 8 bis 21 Uhr geöffnet sind. In dem kleinen Einkaufszentrum an der Galiga-Promenade beim Oude Koemarkt kann man frisches Brot kaufen. Außerdem gibt es dort einen Fischladen und einen Metzger.

Die Reise beginnt in Sneek in südwestlicher Richtung. Kurz vor dem Stadtausgang passieren Sie das Aquädukt De Geau. An der denkmalgeschützten Sägemühle De Rat vorbei, wo seit mehr als drei Jahrhunderten Baumstämme in Stücke gesägt werden, geht es weiter bis zur Brücke vor IJlst.

Auf beiden Seiten der Galamagracht in IJlst haben Hausbesitzer Vorgärten angelegt.

IJlst

Nachmittagslicht fällt auf die Eegracht in IJlst.

Der winzige Ort IJlst besitzt seit dem 13. Jahrhundert Stadtrechte und gehört zu den elf Städten der sogenannten *Elfstedentocht*, jenem legendären, fast 200 km langen Langstreckenrennen auf Natureis entlang dieser friesischen Städte. Der Wettbewerb kann nur ausgetragen werden, wenn das Eis dick genug ist für die 16 000 zugelassenen Eisläufer. Das letzte Mal war dies 1997 der Fall. Das Konzept einer Tour durch die elf friesischen Städte kommt heutzutage aber auch außerhalb des Winters zur Anwendung. Es gibt mittlerweile komplette Arrangements für Elf-Städte-Touren mit einem kleinen Motorboot, per Hausboot oder sogar als Kreuzfahrt (stellen Sie sich diese »Kreuzfahrtschiffe« aber nicht allzu groß vor!) Wer nicht aufs Wasser möchte, kann die betreffenden elf Städte (organisiert) per Rad, zu Fuß oder mit dem Motorrad besuchen.

Nach IJlst führt die Reise auf der Wide Wimerts in südlicher Richtung zu der beweglichen Brücke in Osingahuizen. Will man das kleine Städtchen Woudsend besuchen, fährt man ca. 2,5 km geradeaus weiter. Kurz bevor man den Ort erreicht, ist die Fahrrinne betonnt.

Wer auf der Wide Wimerts gen Süden fährt, hat eine gute Sicht auf die flache friesische Landschaft.

Woudsend

Die Getreidemühle 't Lam in Woudsend kann man besichtigen.

Von Wasserwegen umgeben liegt Woudsend zwischen dem Heegermeer und dem Slotermeer. (Das niederländische *meer* entspricht dem deutschen See und das deutsche Meer dem niederländischen *zee*). Das Dorf ist bekannt für seine Mühlen: die achteckige Getreidemühle 't Lam aus dem Jahre 1740, deren Reetdach schon von Weitem sichtbar ist, und die Mühle De Jager, in der früher das Holz für die Schiffswerften gesägt wurde. In der Getreidemühle befindet sich das nationale Mühleninformationszentrum, wo Besucher den Müllern bei ihrer Arbeit zusehen können.

Zum Einkaufen gibt es in der Nähe des Hafens einen Supermarkt; Spirituosen finden Sie in der Midstraat.

Für die weitere Reise muss man wieder zurück bis kurz vor Osingahuizen, wo man nach Osten in den Johan Frisokanaal (Jeltesleat) einbiegt. Nach 2 km erreicht man das Jeltesleat-Aquädukt. Hier wird die Straße unter dem Kanal durchgeführt. Von Norden her fährt man ins Koevordermeer (auf Friesisch De Kûfurd) ein, folgt der betonnten

Auf dem Diep bei Langweer kann es im Sommer viel Verkehr geben.

Eine breite Einfahrt führt direkt in den Hafen von Woudsend.

Uralte Linden säumen die Hauptstraße von Langweer.

Fahrrinne und biegt nach wenigen Metern nach Backbord in die Jaansleat ab, die zum Langwarder Wielen führt. Dort sollte man sich wegen Untiefen unbedingt an die Betonnung halten.

Langweer

Ein Abstecher zu Fuß ins Zentrum des kleinen Ortes Langweer ist nicht zuletzt wegen der mit uralten Linden gesäumten Hoofdstraat (Hauptstraße) einen Besuch wert. Außerdem lohnt es sich, einen Blick in das reich verzierte Interieur der reformierten Kirche an der Oasingaleane zu werfen. Auf der historischen Orgel (1784) werden im August Konzerte gespielt. Sehenswert ist auch ein altes Herrenhaus, »Osinga State«, nördlich der Kirche, in dem viele adlige Familien wohnten. Später fungierte es als Gemeindehaus, doch nachdem Langweer Mitte der 1980er-Jahre mit einer anderen Kommune fusionierte, verließen die Beamten das Gebäude.

Im Dorf gibt es einen Metzger, eine Drogerie sowie einen Supermarkt.

Von Langweer geht es in der betonnten Fahrrinne in nordöstlicher Richtung auf die Alde Wei. Auf den folgenden knapp 4 km finden Sie unzählige Liegestellen der Marrekkrite (siehe Seite 31 »Gratis anlegen«). Kurz darauf erreicht man das Goaiingarypster Puollen, einen Teil des Sneekermeeres. Dieser See, der im Mittelalter aus einem abgegrabenen Moor entstand und mehrere Buchten hat, gehört zu den populärsten in Friesland – und ist entsprechend stark befahren.

Brücke in der Jaansleat, die den Landwarder-Wielen-See mit dem Kûfurd verbindet.

Von einer der vielen Terrassen in Teherne lässt sich das Treiben auf dem Wasser wunderbar beobachten.

Terherne

Auf einer Insel mitten in diesem See liegt der Ort Terherne. Hier spielt die berühmte niederländische Jugendbuchreihe »De Kameleon«, die unter dem Namen »Der Tigerhai« auch ins Deutsche übersetzt wurde. Sie handelt von zwei friesischen Zwillingsbrüdern, die mit ihrem Boot zahlreiche Abenteuer erleben. Das fiktive Dorf der beiden wurde in Terherne nachgebaut, samt Schmiede, Rathausplatz, Gemeindehaus und Windmühle.

Von Terherne aus biegt man nach Backbord für einige Meter in den Prinses Margriet-Kanaal ein. Die anschließende Schleuse steht meist offen. Dieser Abschnitt ist stärker befahren, aber auch gut markiert. Die Fahrrinne führt direkt in die Houkesleat, nach ca. 700 m biegt man nach Steuerbord in Richtung Sneek ab.

Sneekweek

Einmal im Jahr sind viele (niederländische) Augen auf Sneek gerichtet: In der ersten Augustwoche wird nämlich die *Sneekweek* abgehalten. Bei diesem größten europäischen Binnengewässer-Event mit Feuerwerk und Flottenschau ging es zur Gründungszeit im 19. Jahrhundert allein um Segelregatten. Heute wird zwar noch immer um Pokale gesegelt und jeweils mehr als tausend teils historische Boote und Schiffe sind in Sneek zu Gast. Aber die Nebenschauplätze mit Kirmes und Kunstmarkt sind inzwischen fast ebenso wichtig. Und in der Innenstadt, wo das Bier reichlich fließt, gibt es auf vielen Podien Livemusik. (www.sneekweek.nl)

Das Sneekermeer gehört zu den beliebtesten Seen Frieslands.

NORD
Makkum
de Grutte Sylroede
Makkumervaart
Van Panhuyskanal
Tjerk
Dyksfeart
Workumer Trekfeart
Workum
Het Zool
Hindeloopen
L
Nije Krúzpôle
Krúzp
IJsselmeer
Yndyk
Koudum
Galamadammen
De Oarden
Stavoren
De Morra
Johan Frisokanaal
Warns

Bolsward
ruiswaterbrug
Bolswarderzijlvaart
Sneek
IJlst
Wide Wimerts
Heeg
Osingahuizen
ekspôlle
Heegermeer
sen
Slotermeer
0 km 5

Am Rande des Heegermeer kann man an verschiedenen Stellen auch außerhalb eines Hafens anlegen.

■ 2. Route: Die Städte des IJsselmeers

Entfernungen	
Sneek–Heeg	11 km
Heeg–Workum	14 km
Workum–Bolsward	10 km
Bolswar–Sneek	11,5 km
Gesamter Rundweg	**46,5 km**
Abstecher von der Rundroute:	
Stavoren (einfache Entfernung)	18 km
Hindeloopen (einfache Entfernung)	18 km
Workum (einfache Entfernung)	3 km
Makkum (einfache Entfernung)	7,5 km
gesamte Rundtour mit allen Abstechern	**111 km**
2 Schleusen	
Karte: ANWB Waaterkarte B – Friesland	

Der südliche Teil der Provinz Friesland besteht zu einem großen Teil aus Wasser. Aus der Vogelperspektive erinnert die Region an einen Flickenteppich mit kleinen und größeren Seen, die ohne Brücken oder Schleusen untereinander über Kanäle und sonstige Wasserläufe verbunden sind. Diese weiträumigen *Friese Meren* sind bei Besitzern von Sport- und Freizeitbooten überaus populär. Das merkt man besonders an den Wochenenden und im Hochsommer, wenn es etwa auf dem Fluessen, einem See, und dem Heegermeer nur so von Schiffen wimmelt. Doch kein Grund zur Sorge: Das Gebiet ist so großflächig, dass man immer wieder einen ruhigeren Seearm oder eine stillere Bucht findet, wo man in relativ beschaulicher Abgeschiedenheit anlegen oder vor Anker gehen kann. Wer mit dem Hausboot unterwegs ist, wird üblicherweise nicht auf das IJsselmeer fahren, denn die meisten Charterverträge schließen dieses Revier aus. Trotzdem brauchen Sie nicht auf einen Besuch der reizvollen Städte am IJsselmeer zu verzichten. Eine kleine Rundtour ermöglicht Abstecher über das Binnenrevier Frieslands zu den Städten Stavoren, Hindeloopen, Workum und Makkum.

Die Beschreibung der Strecke von Sneek nach Osingahuizen ist der 1. Route in diesem Kapitel zu entnehmen. In der Wide Wimerts nimmt man dann am Ortsende von Heeg ca. 500 m hinter der Brücke in

Ein Abstecher ins ehemalige Aal-Städtchen Heeg lohnt sich.

In Friesland wimmelt es nur so von idyllischen Kanälen.

Osingahuizen den zweiten Wasserlauf nach Westen, den Jeltesleat, der sowohl zu den meisten Häfen von Heeg als auch direkt in das Heegermeer führt.

Heeg

Der Ort mit seinen vielen Häfen ist heute unter Wassersportlern sehr beliebt. Früher brachte ihm der Aalhandel mit Großbritannien viel Geld ein. Bis zum Zweiten Weltkrieg hatten die Heeger Fischhändler sogar eine eigene Anlegestelle beim Billingsgate Market in London. An die glorreiche Vergangenheit erinnern im Zentrum ein paar stattliche Wohnhäuser wie etwa die hübsche Kaufmannsvilla an der Van Harinxmastraat. Und natürlich der Aal im Wappen von Heeg.

Im Besucherzentrum De Helling, das zugleich ein Holzbaumuseum ist, wird die Geschichte des Aalhandels erzählt und anhand schiffsbautechnischer Aspekte vertieft.

Allen großen und kleinen Naschkatzen sei ein Blick in die Bäckerei Terpstra empfohlen, in der es ein riesiges Sortiment an typisch friesischen Backwaren und selbst gemachten Süßigkeiten gibt.

Anschließend gilt es, das Heegermeer zu durchqueren. Die markierte Fahrrinne führt mitten durch den See. Wer im Süden des Sees vorzeitig die Markierung verlässt, läuft Gefahr, mit der Bootsschraube in ein Fischernetz zu geraten. Die Betonnung bietet einen nahtlosen Übergang zum nächsten See namens Fluessen, an dessen Ende man ein Aquädukt passiert. In beiden Seen gibt es mehrere kleine Inseln, wo man (mit einer Ausnahme) gebührenfrei und gut geschützt gegen den oft wehenden Südwester anlegen und übernachten kann.

Nach der Durchfahrt zweier weiterer Seen – De Oarden und De Morra – gelangt man in den Johan Frisokanaal, der über Warns zum westlichsten Punkt der Provinz führt, nach Stavoren am IJsselmeer.

Wer sich die Abstecher nach Stavoren und Hindeloopen sparen möchte, kann von Heeg direkt nach Workum fahren. Dann führt die Route von Heeg nach ca. 4,5 km, noch bevor man die Inseln Leijepolle

Boote, die vom IJsselmeer kommen, müssen in Stavoren schleusen.

Nur im Frühjahr und im Winter ist es so still im Hafen von Stavoren.

und Langehoekspôlle passiert, nach Steuerbord. Auf zunächst gut betonntem Wasserweg fährt man dann über Yntemaesleat, Grutte Gaastmar, Sanmar Sont und Lange Fliet nach Workum.

Stavoren

Der ältesten der elf friesischen Städte wurde das Stadtrecht schon 1061 von einem Brunonen, einem Vertreter aus dem damals regierenden sächsischen Grafengeschlecht, verliehen. Die einst wichtigste Stadt Frieslands lebte vom Handel mit den Rheinstädten, mit Flandern, England und den Gebieten rund um die Ostsee. Die Schiffe beförderten Bier, Wein, Naturstein und Holz,

Schaulustige beobachten immer wieder gern, wie Hausbootkapitäne ihr Schiff durch die Schleuse manövrieren.

aber auch Fisch oder friesisches Tuch. Dank der Erfindung der Koggen, jener dickbäuchigen Segelschiffe, konnte der Handel im 12. Jahrhundert weiter wachsen. Um 1400 setzten indes große Überschwemmungen der Blütezeit dieser Hansestadt ein Ende. Danach gab es zwar immer wieder kleinere Aufschwungsperioden, doch Kriege und die Versandung des Hafens verursachten schließlich einen wahren Exodus: 1815 zählte Stavoren noch 574 Einwohner, was nur noch einem Drittel der ursprünglichen Bevölkerungszahl entsprach. Erst mit dem Bau der Eisenbahnlinie Leeuwarden–Stavoren und dem dort anschließenden Fährdienst nach Enkhuizen am Westufer des heutigen IJsselmeers setzte Ende des 19. Jahrhunderts eine neue Aufwärtsentwicklung ein, die allerdings mit der Fertigstellung des 10 m hohen Afsluitdijk im Jahre 1932 bereits wieder ausgebremst wurde.

Afsluitdijk

Dieses 30 km lange Autobahnteilstück mit Radweg und Durchfahrtsschleusen für Schiffe verbindet die Landzunge im Nordwesten der Niederlande mit Friesland. Der künstlich aufgeschüttete Damm war die Antwort der Wasserbauingenieure auf die verheerenden Orkane und Überschwemmungen, die den Ortschaften an der alten Zuiderzee, jener 80 km langen und 60 km breiten Meeresbucht, immer wieder zu schaffen machten. Pläne für einen derartigen Damm gab es schon im 19. Jahrhundert, aber erst eine schwere Sturmflut, bei der fast alle Orte an der Zuiderzee unter Wasser standen, sorgte 1916 für ein Umdenken bei der Regierung in Den Haag. Mit dem Abschlussdeich im Norden sollten Orte wie Stavoren vor den Folgen der Sturmfluten geschützt werden. Gleichzeitig verloren die Fischer- und Handelsstädte aber durch das abgeschlossene IJsselmeer (Süßwasser), wie die alte Zuiderzee (Salzwasser) fortan genannt wurde, ihren Zugang zum offenen Meer.

Der Fährdienst nach Enkhuizen ist erhalten geblieben und dient als eine sommerliche Touristenattraktion. Auch die Eisenbahnlinie gibt es noch, wenngleich der Großteil der Urlauber mit dem Auto anreist.

Obwohl Stavoren durch die vielen Rückschläge – Überschwemmungen, Kriege, wirtschaftlicher Zerfall – im Gegensatz zu vielen anderen friesischen Städten nicht mehr viel Historie vorzuweisen hat, wird die Geschichte im Museum von Stavoren, dem *Ponthús*, sehr anschaulich nacherzählt.

Vrouwe van Stavoren

Die berühmteste Einwohnerin Stavorens ist die sagenumwobene *Vrouwe van Stavoren*, die im Hafen ein Denkmal bekommen hat. Laut der Legende schickte eine reiche Kaufmannswitwe einen in ihren

Diensten stehenden Kapitän auf die Reise, um für sie das Kostbarste, was es auf der Welt gibt, zu finden. Nach langem Suchen kam der Schiffer mit einer Ladung Getreide zurück. Dies schien ihm wertvoller als Gold. Doch die Frau war außer sich und ließ erbost das Korn im Meer versenken. Ein alter Mann, der dabei zusah, prophezeite der wütenden Witwe, dass sie wegen dieser Verschwendung an den Bettelstab kommen werde. Sie aber streifte ihren goldenen Ring vom Finger und warf ihn mit den folgenden Worten ins Wasser: »Genauso wenig, wie es möglich ist, diesen Ring wiederzusehen, werde ich an den Bettelstab gelangen.« Kurze Zeit später fand einer der Diener ihren Goldring im Bauch eines Speisefisches und alsbald wurde der Witwe die Nachricht überbracht, dass alle ihre Schiffe untergegangen seien. Damit war sie ruiniert und an den Bettelstab gebracht.

Auf der Terrasse des gleichnamigen Hotels gegenüber dem Denkmal der *Vrouwe van Stavoren* hat man einen wunderbaren Ausblick auf die traditionelle *Bruine Vloot*, also die typisch niederländischen Plattbodenschiffe, Klipper oder Tjalken mit ihrem braunen Segeltuch, die im Hafen von Stavoren einlaufen oder von hier wieder hinaus aufs IJsselmeer fahren. Übrigens bietet dieses Hotel ein Übernachtungserlebnis der besonders bizarren Art: Man kann hier in einem Fass schlafen! Vier original Schweizer Weinfässer mit einem Fassungsvermögen von je 15000 Litern wurden zu komfortablen Schlafstätten umgebaut, samt Sitzbereich mit Fernsehecke und einem Badezimmer.

Der nun folgende Abstecher nach Hindeloopen ist nur Hausbooten mit geringem Tiefgang (weniger als 1,2 m) vorbehalten. Wer ein größeres Boot fährt, kann die Stadt nur über das IJsselmeer erreichen. Da es aber von Workum – wohin Sie der nächste Abstecher führt – auf dem Landweg nur wenige Kilometer sind, können Sie auch von dort aus eine Radtour nach Hindeloopen unternehmen.

Gratis anlegen

Unterwegs werden Sie immer wieder auf blaue Tafeln mit einem weißen Schiff stoßen, auf dessen Segel ein blaues M steht. Dahinter verbirgt sich Marrekrite, ein Kooperationsverband zwischen 21 friesischen Gemeinden und der Provinz Friesland. Der Verband hat sich unter anderem die Förderung des Wassersports auf die Fahne geschrieben. Er sorgt provinzweit für mehr als 3500 Marrekrite-Anlegeplätze in Städten, Dörfern oder unterwegs an lauschigen Stellen im Grünen, wo (Haus-)Boote gratis maximal drei Tage bleiben dürfen. Eine Auflistung der Orte gibt es unter: www.marrekrite.nl

Das Zentrum des Städtchens Hindeloopen ist reich an schmalen Gässchen, die einen Besuch lohnen.

Für Hausboote mit geringem Tiefgang führt die Route von Stavoren zunächst auf demselben Weg zurück bis zum de Morra. Von hier aus erreicht man, sich nach Nordnordwest wendend, auf dem Jan Broerskanal und dem Yndyk nach 5,5 km Hindeloopen. Die Route zum Binnenhafen führt weiter durch die Stadt und unter drei festen Brücken (Durchfahrtshöhe 2,5 m) hindurch. Der Yachthafen liegt hinter der Schleuse an Steuerbord.

Hindeloopen

An drei Seiten von Wasser umgeben, liegt auf einer schmalen Landzunge die Stadt Hindeloopen, deren Geschichte jener von Stavoren gleicht. Auch hier spielte die Seefahrt eine wichtige Rolle und auch hier dominiert heute der Tourismus. Im 17. und 18. Jahrhundert, als die Hindeloopener Handelsflotte aus mehr als 100 Schiffen bestand, wurde mit Skandinavien und Russland Handel getrieben. Doch dann zogen die Kaufleute und mit ihnen die Schiffsleute nach Amsterdam und Hindeloopen wurde, wie so viele Orte in dieser Gegend, zum beschaulichen Fischerstädtchen.

Bei einem Rundgang durch die einstige Handelsmetropole gibt es zahlreiche Zeugnisse aus der Vergangenheit zu entdecken. An den malerischen Grachten mit den vielen kleinen Brücken stehen noch ein paar alte Kapitänshäuser mit den typischen Sommerhäuschen dahinter. Dort wohnte die Kapitänsfrau mit den Kindern, solange ihr Mann auf See war. Erhalten geblieben sind auch die bunten Hindeloopener Trachten mit ihrer berühmten Kombination von geblümten

Die Schleuse zwischen De Zijroede und dem Hafen in Hindeloopen wird noch immer von Hand betrieben.

Zeit für einen Tratsch gibt es immer wie hier in der Schleuse von Workum.

und karierten Stoffen. Im ehemaligen Rathaus, dem heutigen Museum Hindeloopen, wird die städtische Geschichte dargestellt. Dort findet sich eine beachtliche Sammlung der traditionellen Gewänder.

Sehenswert ist auch das ehemalige Schleusenwärterhaus (*Sylhûs*) mit dem offenen Glockenturm und einer überdeckten *leugenbank* auf der Deichseite. Auf dieser 1785 angebrachten »Lügenbank« spinnen alte Männer gerne Seemannsgarn.

Hat man den Abstecher nach Hindeloopen hinter sich, fährt man wieder auf dem De Fluessen nach Nordosten, bis man an Backbord die Insel Langehoekspôlle passiert – Achtung, um die Insel herum ist es untief, auch die schönen Liegeplätze der Marrekrite haben wenig Tiefgang. Hier führt die Route weiter nach Workum (vgl. Seite 28). Wer Workum auf dem kürzesten Weg über das IJsselmeer ansteuern will, muss das mit dem Charterbetrieb absprechen, denn in den meisten Charterverträgen ist die Befahrung des IJsselmeers ausgeschlossen.

Workum

Obwohl Workum nicht am IJsselmeer liegt, hat die Stadt eine Handelsvergangenheit auf dem Wasser. Das hat sie einem Verbindungskanal mit der ehemaligen Zuiderzee, dem heutigen IJsselmeer, zu verdanken. Beim Spaziergang durch dieses friesische Städtchen entdeckt man entlang der alten Hauptstraßen namens *Noard* und *Sud* historische Häuser mit hübschen Giebeln. In der Mitte befindet sich der

Auf dem Marktplatz von Workum laden schattige Straßencafés zum Verweilen ein.

Merk, wie der Markt auf Friesisch genannt wird. Die sogenannte (alte) Waage – ein historisches Gebäude aus dem 17. Jahrhundert und ehemaliges Handelszentrum – und das Rathaus erinnern an vergangene Zeiten. Heute bieten hier die Lebensmittelhändler jeden Donnerstagnachmittag Früchte und Gemüse an. Der Markt ist abwechselnd biologisch oder regional – und bestens geeignet, um die Kombüse mit Vorräten zu bestücken.

Wer keine Lust hast, selbst zu kochen, kann sich im Restaurant Séburch verwöhnen lassen. Die ehemalige Gaststube dieses Seemannsheims aus dem 19. Jahrhundert wurde zu einem ansprechenden Speiselokal umgebaut, mit einem wunderbaren Blick über die Schleuse und den Hafen, wo traditionelle Segelboote die ideale Kulisse für einen unvergesslichen Sonnenuntergang bilden.

Von Workum aus folgt man der Warkumer Trekfeart nach Norden bis Tjerkwerd; von hier führen der Van Panhuyskanaal und die anschließende Grutte Sylroede nach Makkum. Dort passieren Sie nach der dritten beweglichen Brücke die Schleuse. Die Yachthäfen liegen auf der Südseite des Makkumer Dijp. Die Marina Makkum bietet jeglichen Komfort und auch Treibstoff.

Makkum

Makkum ist die Hochburg des Steinguts. Was den Delftern ihre typisch blauen Fayencen sind, ist den Makkumern ihre Koninklijke

Frühmorgens ist es noch still bei den Anlegeplätzen in Makkum.

Die Porzellanmanufaktur in Makkum gehört zu den traditionsreichsten Betrieben in Friesland.

Tichelaar Makkum, heute die älteste noch bestehende Fabrik der Niederlande. Dies beweist eine spanische Karte, auf der bereits 1572 eine Steingutmanufaktur vermerkt ist. Seit nahezu 450 Jahren wird hier Ton gebrannt. Früher wurden Backsteine hergestellt, ab Mitte des 17. Jahrhunderts waren es Gebrauchsgegenstände und seit 1890 betrifft es in erster Linie handwerklich gefertigte Keramik- und Schmuckobjekte, wie Sie im Firmenshop sehen können. Ansonsten zählt die auf eine reiche Fischereivergangenheit zurückblickende Stadt, die früher die Pforte zur Zuiderzee genannt wurde, nicht weniger als 50 denkmalgeschützte Gebäude, hauptsächlich am Turfmarkt und in der Kerkstraat.

Um nach Bolsward zu kommen, fährt man die letzen 7 km wieder zurück und wendet sich nach der beweglichen Brücke Van Panhujisbrug nach Nord auf die Warkumer Trekfeart. Nach 2 km erreicht man die bewegliche Brücke Kruiswaterbrug; direkt hinter ihr liegt die Einfahrt in die Stadt. Nach zwei beweglichen Brücken erreicht man den Passantenhaven am Nordufer der Naue Gracht.

Bolsward

Die Hansestadt Bolsward hat ein sehr sehenswertes Zentrum mit vielen idyllischen Grachten. Auffallend ist die imposante Martinikerk aus dem 15. Jahrhundert, die der Volksmund »Kathedrale des Nordens« getauft hat. Daneben steht ein Denkmal des bedeutendsten friesischen Dichters, Gijsbrecht Japicx, der im 17. Jahrhundert hier wohnte.

Es lohnt sich, einen Blick auf das hübsche Rathaus zu werfen. Es

Das Rathaus von Bolsward wurde im 17. Jahrhundert im friesischen Manierismus-stil erbaut.

Reiche Verzierungen am Rathaus von Bolsward.

wurde im 17. Jahrhundert im Stil des friesischen Manierismus erbaut. Über dem reich verzierten Haupteingang befinden sich eine Waage, ein Anker und ein Buch – die allesamt reichlich mit Gold verziert sind. Hinter dem im 18. Jahrhundert im Stil des Rokoko geänderten Giebels ist ein achteckiger Glockenturm angebaut. Jahrhundertelang wurde hier über die Stadtgeschäfte entschieden. Im Jahre 2011 wurde Bolsward jedoch mit anderen Orten zur Großgemeinde Südwest-Fryslân zusammengefügt. Seither sucht die Bevölkerung nach einer neuen Bestimmung für das historische Gebäude.

Berenburger oder Beerenburger
Auch Bolsward gehört zu den elf friesischen (Eislauf-)Städten. Vor allem aber ist der Ort für seinen Kräuterlikör, den Berenburger, bekannt. Das alkoholische Getränk stammt ursprünglich aus Amsterdam, wo Hendrik Beerenburg (mit zwei e!) im 18. Jahrhundert den Kräutermix zusammenstellte. Die Mischungen, denen eine heilsame Wirkung nachgesagt wird, landeten später in Friesland, wo örtliche Weinhändler den Magenbitter herstellten. Einer von ihnen war Fedde Sonnema, der sich allerdings nicht ganz an die Instruktionen aus Amsterdam hielt und seiner Version des »Beerenburger« eine eigene Note hinzufügte. Aus diesem Grund durfte er seine Spirituose nur mit einem e schreiben. Der berühmte Kräuterlikör wird bis auf den heutigen Tag gerne von älteren Herren getrunken – und bis heute in Bolsward produziert. Im gleichnamigen Besucherzentrum kann man den Berenburger kosten und natürlich kaufen.

Wer lieber Frischprodukte bunkern möchte, dem sei der Lebensmittelmarkt am Donnerstagmorgen empfohlen. Die Stände befinden sich auf dem Marktplein und auf dem angrenzenden Appelmarkt.

Man verlässt Bolsward in südlicher Richtung, passiert die Kruiswaterbrug und fährt auf der Bolswarderzijlvaart weiter. Das Grün der weitläufigen friesischen Landschaft wird bis IJlst von drei weiteren Brücken unterbrochen. In IJlst den bereits von der Hinreise bekannten Weg zurück nach Sneek einschlagen.

NORD
0 km 5
Waddenzee
Franeker
Midlum
Harlingen
Hitzum
Achlum
Arum
Witmarsum
Witmarsumervaart
Bolsward
Bolswarderzijlvaart

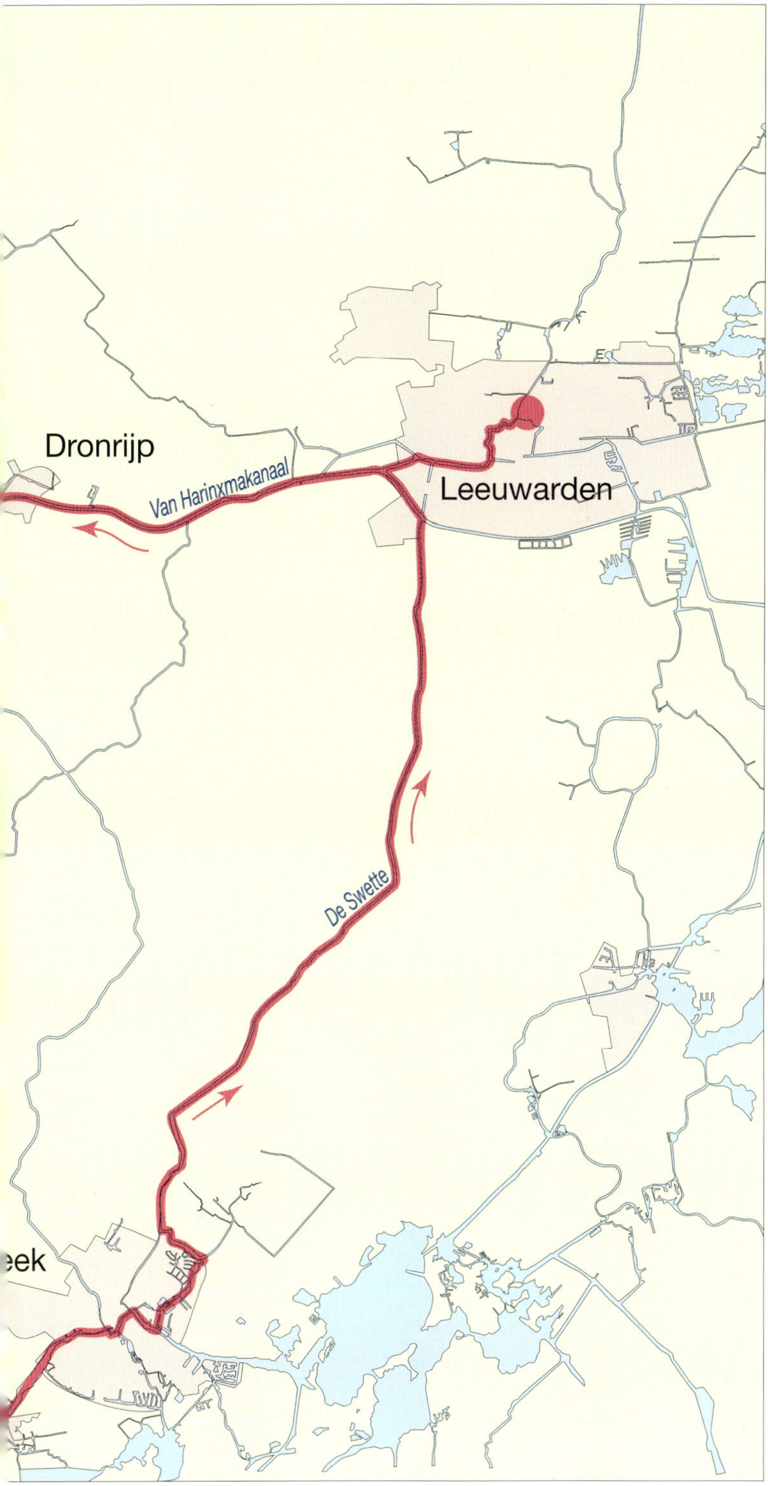
Dronrijp
Van Harinxmakanaal
Leeuwarden
De Swette
eek

3. Route: Im hohen Norden

Entfernungen	
Sneek–Leeuwarden	26 km
Leeuwarden–Harlingen	27 km
Harlingen–Bolsward	18 km
Bolsward–Sneek	14 km)
Insgesamt	**85 km**
1 Schleuse (steht meist offen)	
Karte: ANWB Waaterkarte B – Friesland	

Diese Tour führt von Sneek aus durch die Mitte Frieslands. Es gibt mehrere Wasserwege, die in die Provinzhauptstadt Leeuwarden führen. Der breiteste ist der Prinses Margrietkanaal, der zur sogenann-

Ländliche Idylle auf der Wijmertsvaart in der Nähe von Abbega.

ten *Staande Mastroute* (siehe Kapitel »Praktische Informationen«) gehört. Auf diesem Kanal werden Ihnen dementsprechend viele Segelschiffe begegnen. Gleichzeitig benutzt ihn auch die Berufsschifffahrt. Das bedeutet, dass Sie als Freizeitkapitän pausenlos aufmerksam sein müssen.

Wesentlich ruhiger – und idyllischer – ist diese Rundreise, aber auch nur für kleine Hausboote möglich. Befragen Sie Ihren Charterbetrieb, ob Ihr Boot für die Route geeignet ist. Man verlässt Sneek über den Jachthavenkanaal, der auf halber Strecke zwischen dem Houkesleat-Aquädukt und der Oppenhuizerbrug vom Simmerrak nach Nordwesten abzweigt. Nach gut 1 km passiert man die meist offen stehende Dompsluis und eine feste Brücke mit 2,5 m Durchfahrtshöhe. Nach zwei weiteren festen Brücken mit 2,5 m Höhe biegt man in die Loaiingeasterfeart ein, der man bis De Swette folgt. Die Sweete ist ein kleiner Fluss mit wenig Tiefgang – Achtung besonders bei Gegenverkehr! Nach 19 km erreicht man den Van Harinxmakanaal, dem

Denkmalgeschütze Mühle im Norden der Provinz Friesland.

man nach Westen folgt, um schon nach 1 km nach Osten direkt nach Leeuwarden zu fahren. Liegeplätze gibt es entlang der Westergracht.

Unterwegs wird man kaum jemandem begegnen – außer natürlich den schwarz-weiß gefleckten Kühen, die träge in der Sonne liegen. Wenn nicht gerade eine Entenschar ein Heidengeschnatter macht, ist es hier traumhaft ruhig. Dabei kann man sich sattsehen an dieser grünen Landschaft: weite, schnurgerade Felder, die in periodischen Abständen von Wasserläufen durchwoben und immer wieder von einem Holzgatter unterbrochen werden. Ab und an gleitet man an einem Bauernhof mit einer Windturbine vorbei. Viele niederländische Landwirte haben in den letzten Jahren ihre staatlichen Zuschüsse teilweise oder ganz verloren und machten sich auf die Suche nach alternativen Einkommensquellen. Einige stellen ihren Hof als Campingplatz zur Verfügung, bieten Streichelzoos und Übernachtung im Heu an. Für andere sind die modernen Varianten der urniederländischen Windmühlen ein willkommenes Zubrot.

Leeuwarden

Die alte Regentenstadt Leeuwarden wurde auf drei für diese Gegend typischen Warften gebaut. Zum Schutz vor dem Wasser legten Siedler bereits im 8. Jahrhundert diese Erdhügel an. Der Stadtmitte ist anzusehen, dass hier einst die friesischen Statthalter wohnten und es während der Blütezeit im 16. und 17. Jahrhundert viele reiche Familien gab. Bis heute strahlen die historischen Gebäude eine gewisse Grandeur aus. Die einstige Residenz der Statthalter etwa, die heute als 4-Sterne-Hotel fungiert, hat nichts vom Glanz der Vergangenheit eingebüßt. Zu den schönsten Bauwerken der Stadt zählt die alte Waage

Schon von Weitem ist der Oldehove zu sehen, dieser 40 m hohe, schiefe Turm, der nie vollendet wurde.

Vom Oldehove hat man einen wunderschönen Rundblick über Leeuwarden (ganz oben).

Beliebter Treffpunkt im Zentrum von Leeuwarden ist die Waage.

aus der Renaissancezeit mit den bunten, stilvollen Fensterläden. Früher wurde hier mit Käse und Butter gehandelt; heute ist es ein Café mit einer Sonnenterrasse. An diesem Gebäude zeigt sich im Übrigen, dass die konsequenten Farbuntersuchungen, die die Stadt vor einer Restaurierung jeweils durchführen lässt, sehr lohnenswert sind. Das sieht man den »Originalfarben« der alten Patrizierhäuser, die an der vornehmen Weaze oder an dem baumumsäumten Eewal stehen, an.

Stolz ist man in Leeuwarden auf den Oldehove, den schiefen gotischen Kirchturm, der trotz seiner stattlichen Höhe von 40 m unvollendet geblieben ist. Lange Zeit rätselten die Bewohner über seine Schieflage, doch vor ein paar Jahren wurde das Geheimnis gelüftet: Der erste Baumeister hatte das Fundament auf der Böschung einer Warft angelegt.

Wer mehr über die Gebäude und ihre Geschichte wissen möchte, dem sei der Gang ins *Fries Museum* empfohlen. Dieses versucht anhand seiner 170 000 Objekte umfassenden Sammlung ein Bild der alten Zeit zu vermitteln. Eine spezielle Abteilung ist übrigens der berühmtesten Tochter der Stadt gewidmet: Margarethe Geertruida Zelle, besser bekannt als Mata Hari. Die Doppelspionin aus dem Ersten Weltkrieg wurde an der Grote Kerkstraat in Leeuwarden geboren.

Was ebenfalls aus Leeuwarden die Welt erobert hat, ist die friesische schwarzbunte Kuh, berühmt für ihre gigantische Milchproduktion. Als Dank für das reichlich fließende Weiß hat die Provinzhauptstadt die Urkuh in Bronze gießen lassen und an einer Kreuzung auf ein Podest gestellt. Das Denkmal trägt den Titel *Us Mem* (Unsere Mutter).

Leeuwarden ist eine ideale Shoppingstadt. In der Innenstadt gibt es eine reiche Auswahl an Bekleidungs- und Schuhgeschäften, Lebensmittel finden Sie entweder in den Supermärkten oder auf einem der täglich stattfindenden Märkte.

Am einfachsten ist es, wenn man die Stadt für die Weiterfahrt auf dem Van Harinxmakanaal in westlicher Richtung verlässt. Um die Brücken braucht man sich nicht zu kümmern: Sie sind alle hoch. Auch diese breite Wasserstraße gehört zur *Staande Mastroute* (von Leeuwarden nach Harlingen). Entsprechend stark ist der Kanal befahren. Bis zum nächsten Ziel sind es 15 km.

Franeker

Lange Zeit war Franeker eine Stadt der Akademiker und ein Mittelpunkt des kulturellen Lebens in Friesland. Schon im 16. Jahrhundert gab es hier eine Schule mit einem hervorragenden Ruf, und hier wurde die zweite Universität des Landes gegründet, die Studierende aus aller Welt in diesen Ort im Norden lockte. Ein berühmter Sohn der Stadt ist der Amateurastronom Eise Eisinga, der sich im 18. Jahrhundert im eigenen Wohnzimmer in siebenjähriger mühseliger Arbeit ein Planetarium erbaute. Das Grachtenhaus des Ehrenbürgers ist inzwischen ein Museum. Sein System der Himmelsgestirne gilt als weltweit einziges noch funktionierendes Planetarium.

In unmittelbarer Nähe von Eisingas selbst konstruiertem Himmel steht das imposante Renaissance-Rathaus aus dem Jahre 1591. Über dem Eingang ist das Wappen der Stadt abgebildet und auf der Spitze des Giebels wacht Justitia, die Göttin der Gerechtigkeit. Die Bleiglasfenster im ersten Stock sind mit 27 Wappenschilden verziert. Im 18. Jahrhundert wurde das Bauwerk renoviert und innen im Rokokostil eingerichtet. Sehenswert sind die golddurchwirkten Tapeten im Ratssaal. Das Rathaus kann im Sommer besichtigt werden.

Ein auffallendes Bauwerk ist außerdem die riesige Martinikerk, eine Pseudobasilika mit drei Schiffen und einem Chorumgang. Im Innern fallen vier gotische Chorbänke auf sowie Hunderte von alten Grabsteinen, unter denen auch einige Professoren begraben sind.

Ein Blick nach oben lohnt sich in Franeker, denn hier gibt es viele *gevelstenen:* reich verzierte Steintafeln, die in die Frontfassaden eingelassen sind, etwa bei den Häusern der Voorstraat, aber auch an den vielen historischen Gebäuden.

Wenn man an den prächtigen Grachten- und Patrizierhäusern mit den ehemaligen Professorwohnungen vorbeischlendert, kann man sich den Geist, der damals über der Gelehrtenstadt geschwebt haben muss, sehr gut vorstellen. Allerdings hatten die Studenten Franeker seinerzeit keinen guten Ruf beschert. Im ganzen Land sprach man von der »Saufakademie«. Weil es in der Stadt nichts zu tun gab, schauten die Studenten aus lauter Langweile übermäßig tief ins Glas und lieferten sich andauernd Schlägereien. Überliefert ist ebenfalls, dass sie ihre Trinkgelage in der Herberge *De Bogt fene Guné* abhielten. Das Café besteht noch heute. Es gilt inzwischen als das

Das Renaissance-Rathaus in Franeker kann im Sommer besichtigt werden.

In der wuchtigen Martinikerk wurden viele Franeker Professoren begraben.

älteste Studentencafé der Niederlande, obwohl Franeker schon längst keine Universitätsstadt mehr ist.

Einmal im Jahr, am fünften Mittwoch nach dem 1. Juli, sind die Einwohnerinnen und Einwohner von Franeker komplett aus dem Häuschen. Dann dreht sich alles ums *kaatsen*, denn an diesem Tag wird der wichtigste Wettkampf der Stadt ausgetragen. *Kaatsen* ist ein kompliziertes Ballspiel, das – weit entfernt – mit Tennis verwandt ist. Der Ball wird von einer Lederhülle umschlossen und zwei Teams kämpfen mit je drei Personen auf einem 60 mal 32 Meter großen Rasenstück um Punkte. Gut möglich, dass Außenstehende nichts von dem begreifen, was sich da auf der kleinen Grünfläche, der *Sjûkelân*, in der Innenstadt, abspielt. Kein Problem – das Volksfest, das anschließend auf den Plätzen und in den Kneipen in Franeker gefeiert wird, ist ein universell verständliches Vergnügen.

Sowieso kann man in den vielen Cafés an den Grachten gut entspannen. Die Einkaufsmöglichkeiten sind in der Innenstadt am besten. Wer frische Ware vom Markt möchte, kommt mittwochs und samstags auf dem Breedeplaats voll auf seine Kosten.

Die Route nach Harlingen führt weiter auf dem Van Harinxmakanaal. Die Yachthäfen liegen rund um die Altstadt. Von dieser Grachtenstadt am Wattenmeer, dem Heimathafen vieler historischer (Plattboden-)Schiffe, laufen die Fähren zu den beiden Watteninseln Vlieland und Terschelling aus. Der folgende Teil der Route ist romantisch

Typische alte Brücke über einen der vielen friesischen Kanäle.

und abenteuerlich und damit das völlige Gegenteil zum Van Harinxmakanaal. Man fährt durch ein windungsreiches, kleines Gewässer mit geringer Wassertiefe und niedriger Brückendurchfahrtshöhe. Erkundigen Sie sich vor Fahrtantritt nach dem aktuellen Gegebenheiten. Ein höherer Wasserstand hat eine geringere Durchfahrtshöhe zur Folge.

Zur Weiterfahrt verlassen Sie Harlingen nach Süden und folgen der Hanzer Feart bis Arum. Nach der zweiten Brücke in Arum geht es nach Steuerbord in die Arumervaart nach Wittmarsum.

Witmarsum

In diesem Dorf, das weniger als 2000 Einwohner zählt, steht eine verhältnismäßig große gotische Kirche aus dem 17. Jahrhundert, die Koepelkerk. Ebenfalls sehenswert sind die beiden historischen Mühlen. Lange Zeit war dieser verschlafene Flecken ein Wallfahrtsort für Mennoniten, weil der Namensgeber der Täuferbewegung, Menno Simons, 1496 hier geboren wurde.

Im ganzen Ort gibt es nur einen kleinen Supermarkt. Dafür kann man sich in der Otterbar mit Pizza eindecken.

Von hier aus fahren Sie auf der Wittmarsumer Vaart nach Südosten, bis Sie nach ca. 5 km auf der Backbordseite durch die feste Wittmarsumervaartbrug nach Bolsward kommen. Die Strecke zurück nach Sneek ist in der 2. Route beschrieben.

Die Sonne genießen und gemütlich durch die Landschaft schippern wie hier nahe Abbegastek – das ist Hausbooturlaub.

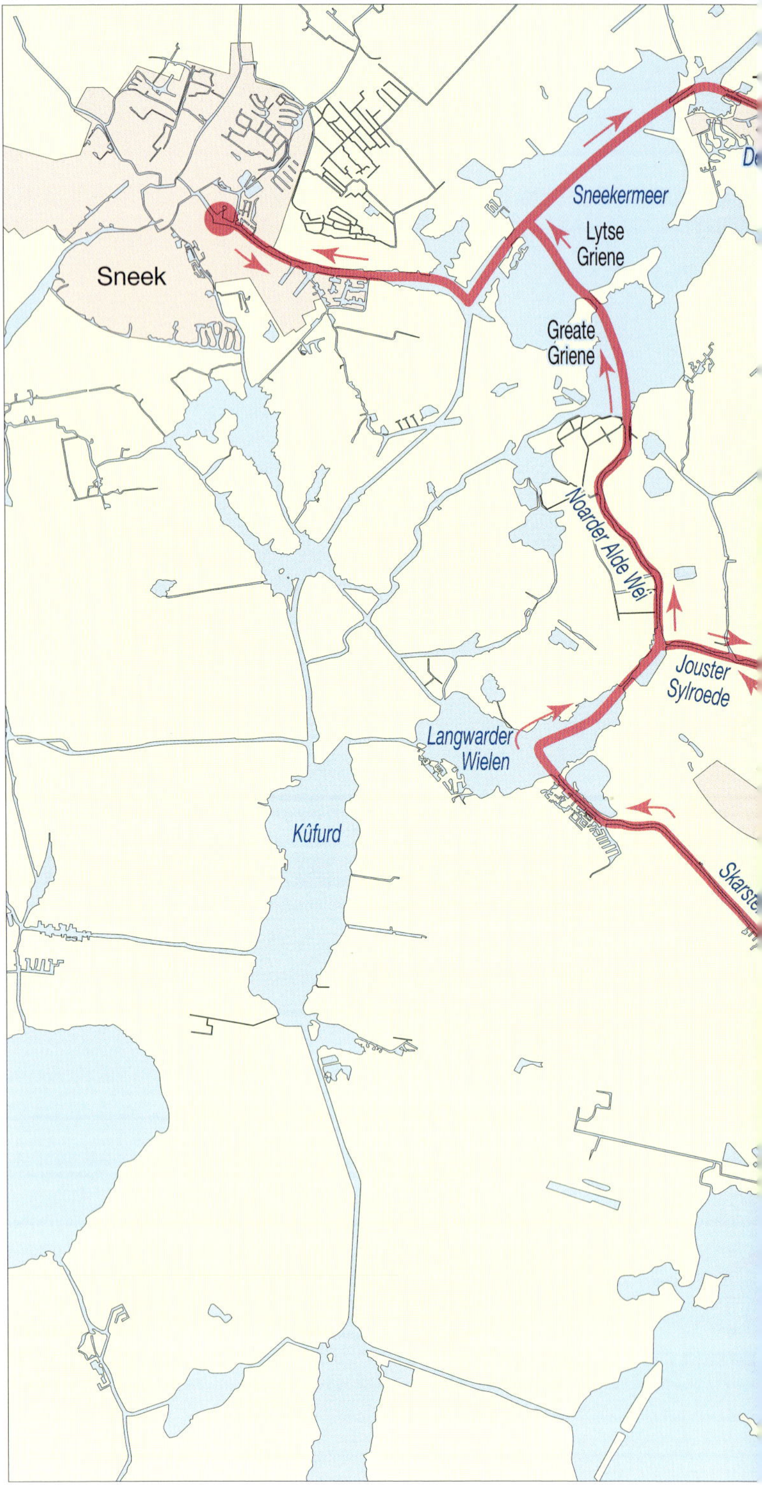
Sneek
Sneekermeer
Lytse Griene
Greate Griene
Noarder Alde Wei
Jouster Sylroede
Langwarder Wielen
Kûfurd

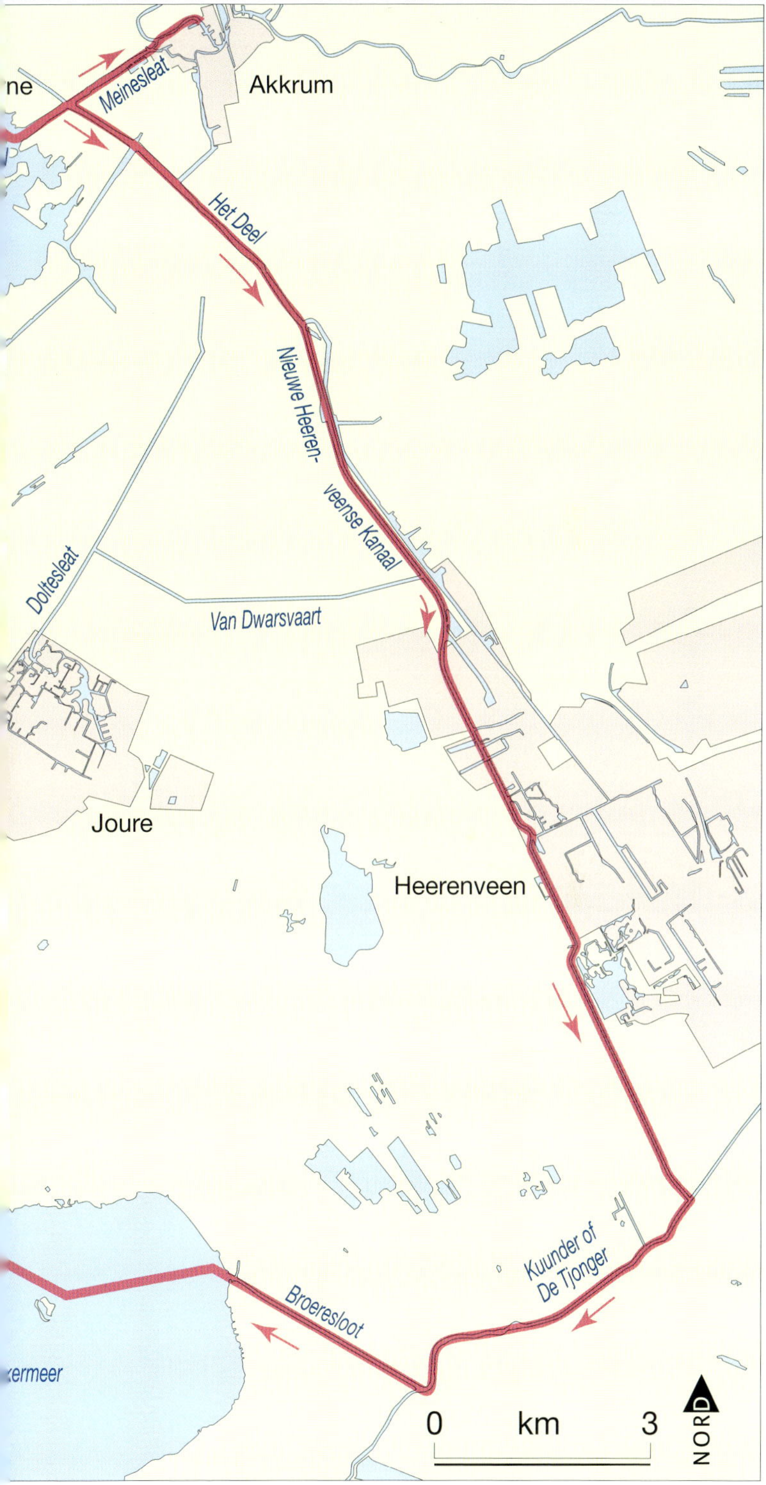

ne
Meinesleat
Akkrum
Het Deel
Nieuwe Heeren-
veense Kanaal
Doltesleat
Van Dwarsvaart
Joure
Heerenveen
Kuunder of
De Tjonger
Broeresloot
ermeer
0
km
3
NORD

■ 4. Route: Skûtsjes, Schlittschuhe und Stockspringer

Entfernungen	
Sneek–Terherne	9,5 km
Terherne–Akkrum	4 km
Akkrum–Heerenveen	13 km
Heerenveen–Joure	10 km
Joure–Sneek	14,5 km
Insgesamt	**51 km**

2 Schleusen

Karte: ANWB Waaterkarte B – Friesland

Schon vor Ankunft in Akkrum kann man sich nach einem Liegeplatz umsehen.

Diese Tour führt durch den friesischen Südosten, der weniger bevölkert ist als die Gegend um Sneek und Leeuwarden. Nach einem Besuch im Eisstadion Heerenveen kann man außerhalb der Regattasaison in Joure einen Blick auf das Wettkampfboot werfen, mit dem das Städtchen am traditionellen *Skûtsjesilen* teilnimmt. Wenn dieses Großevent im Sommer mit den traditionellen Segelschiffen auf dem IJsselmeer ausgetragen wird, steht die ganze Provinz kopf. Die insgesamt elf Wettkämpfe der 14 *Skûtsjes*, wie die ehemaligen Frachtschiffe (Tjalken) mit ihren großen Holzschwertern und den imposanten schwarz-weißen Segeln genannt werden, sind die wichtigsten Touristenattraktionen der Provinz. Und in den 14 friesischen Städten, die jeweils ein Boot in die Rennen schicken, wird nach jedem Wettkampftag bis in die frühen Morgenstunden gefeiert. Das pittoreske Kräftemessen der Segler geht auf längst vergangene Tage zurück, als

Träge drehen sich die Flügel der Windmühle am Sneekermeer.

die Frachtschiffer im Sommer keine Arbeit hatten und sich deshalb mit Regatten vergnügten. Damals musste der Sieger allen Verlierern eine Runde spendieren. Heute geht es um einen Pokal in Form eines silbrigen *Skûtsje*. Die Regatten kann man sich übrigens live im Internet angucken.

Verlassen Sie Sneek in östlicher Richtung, um in den Kanal zu gelangen, der zum Sneekermeer führt. Dort empfiehlt es sich, in der gut markierten Fahrrinne zu fahren, die von Südwest nach Nordost den besten Weg durch den See weist. Auf dem Weg nach Terherne kommt man durch eine Schleuse (steht meist offen).

Die Streckenführung von der Insel Terherne im Sneekermeer nach Osten ist wiederum gut markiert. Nach der Überquerung des Sees De Hoarhel biegt man in den Meinesleat Richtung Akkrum ein. Ein Yachthafen liegt noch vor der ersten Klappbrücke. Die Route in die Stadt und zum Passantenhaven ist nur auf dem nördlichen Wasserlauf möglich.

Akkrum

In dem Touristendorf Akkrum gibt es einen Campingplatz, ein paar Hotels und mehrere Yachthäfen. Die auffälligsten Gebäude des kleinen Orts an dem Flüsschen Borne sind die reformierte Kirche mit interessanten Glasmalereien, die klassizistische Täuferkirche mit einem dorischen Eingang sowie ein nicht zu übersehender (und leider recht häss-

Diese moderne Zugbrücke markiert die Einfahrt nach Akkrum.

licher) Wasserturm aus den 1950er-Jahren. Bei einem Spaziergang kann man außerdem einige alte friesische (Bauern-)Häuser, etwa am Boarnsterdyk und auf der Heechein, entdecken.

Die große Attraktion im August ist die friesische »Klammeraffen-Meisterschaft« (auf Niederländisch: *Kampioenschap Slingeraap*). Bei diesem Turnier im »Seilschwingen« geht es darum, sich mit einem an einem Kran hängenden Tau so weit wie möglich über die 8 m breite Borne in ein Sandbett zu schwingen. Der Rekord liegt bei etwa 16 Metern! Die fröhliche Veranstaltung ist dem *Fierljeppen* sehr ähnlich. Bei diesem Sport versuchen die Teilnehmer, sich mithilfe eines Stocks über ein Gewässer zu katapultieren. Dieses Pultstockspringen über Gräben und Kanäle ist bei den Friesen sehr beliebt und wird immer vor großem Publikum ausgetragen. Am besten erkundigen Sie sich im Café Kromme Knilles, das sozusagen das Wohnzimmer von Akkrum ist, wo die nächsten Wettkämpfe stattfinden.

Die Münzen für das Brückengeld legt man in den Holzschuh an der Angel des Brückenwärters.

Die Familie Crack ließ im 17. Jahrhundert dieses Herrschaftshaus bauen (oben). Verzierungen an der Schlupfkirche im Vermanngssteeg (Mitte). Blumen und Fahrräder säumen das Ufer einer Gracht im Zentrum.

Verlassen Sie Akkrum auf der Route, auf der Sie gekommen sind; bei der ersten Gelegenheit, etwa 400 m hinter der Stadt, biegen Sie nach Südosten in Het Deel ab (im weiteren Streckenverlauf Nieuwe Heerenveense Kanaal). Ohne Brücken zu passieren, erreichen Sie nach ca. 10 km den Passantenhaven von Heerenveen.

Heerenveen

Heerenveen hat im 16. Jahrhundert mit dem Torfstechen einen gewissen Reichtum erlangt. Darauf geht auch der Name zurück, denn es waren die *Heeren van het veen*, die Herren des Torfs, die große Stücke der Moorlandschaft abbauen ließen. Später wurde der einstigen Moorkolonie eine gewisse historische Bedeutung zuteil, weil die friesischen Statthalter das benachbarte Oranjewoud zu ihrer Sommerresidenz erkoren.

Einer der ihren: Die Büste von Wim Duisenberg, dem ersten Direktor der Europäischen Zentralbank, steht im Zentrum von Heerenveen.

Eines der schönsten Häuser in Heerenveen ließ die Familie Crack im 17. Jahrhundert bauen – das von einer Gracht umgebene rechteckige Palais (mit Glockentürmchen) namens »Crackstate«. Bis ins 19. Jahrhundert wohnten hier verschiedene Nachkommen der Familie. Später diente das herrschaftliche Anwesen als Gefängnis, als Gerichtsgebäude und als Rathaus. Ein Teil der Gemeindebeamten ist inzwischen in den benachbarten Neubau umgezogen, aber bei Brautleuten ist »Crackstate« noch immer sehr beliebt als Heiratslokalität.

In einem zweiten, jedoch weit weniger spektakulären Palais befindet sich heute das Café Oenemastate.

Mekka der Eisschnellläufer

Heutzutage kennt man Heerenveen in erster Linie als Sportstadt und als ein weit über die Landesgrenzen hinaus geschätztes Eislaufmekka. Das überdeckte Thialf-Stadion im Norden der Stadt ist die wichtigste Eisschnelllaufstätte der Niederlande. Der gebürtige Heerenveener Sven Kramer und andere niederländische Koryphäen trainieren hier,

Sommertraining der friesischen Eisschnellläufer, die zur Weltspitze gehören.

und bei Europa- oder Weltmeisterschaften pilgern die Fans in Scharen in die 12 500 Menschen fassende Eisarena.

Die wichtigste Einkaufsmeile sind die Dracht und die angrenzenden Seitengässchen. Dort findet man allerlei Geschäfte und Supermärkte. Auf dem Gemeenteplein sowie in der Sieversstraat wird mittwochs ein biologischer und am Samstag ein konventioneller Gemüse- und Früchtemarkt abgehalten. Für frisches (Vollkorn-)Brot und friesische Gebäckspezialitäten empfiehlt sich ein Abstecher in die Bäckerei Boonstra in der Van Kleffenslaan 6. Hier wird der typische *oranjekoek* verkauft. Diese Kalorienbombe besteht aus einem kleinen runden, mit Marzipan gefüllten und mit Zuckerglasur überzogenen Kuchen, der mit Schlagsahne serviert wird. Andere Leckerbissen sind *Fryske Sûkerbôle*, friesisches Zuckerbrot mit Zimt und Butter, oder *Dúmkes:* Weizenmehlkekse, die mit Rohrzucker, Mandeln und Anissamen zubereitet werden.

Die Fahrt geht ca. 6 km weiter auf dem Kanal bis zur Einmündung in den Kuunder of De Tsjonger, dem Sie nach Steuerbord für 5 km folgen, um danach wiederum nach Steuerbord in den Broeresloot of Vierhuistervaart abzubiegen. Nun sind es nur noch 3 km und zwei festen Brücken (Höhe 2,3 m) bis zum Tjeukermeer.

Das Tjeukemeer ist ein großer Binnensee, dessen Fahrrinnen betonnt sind. Geben Sie außerhalb der Rinnen Acht auf Untiefen! An den Inseln sind schöne, aber auch gut besuchte Anlegestellen der Marrekrite eingerichtet. Wir fahren in der nördlichen Rinne und halten an

Zwischen Langweer und Joure steht immer wieder eine alte Mühle am Ufer.

deren Ende nach Steuerbord, um in den Skarster Rien einzufahren, auf dem wir nach 7 km und zwei beweglichen Brücken das Langwarder Wielen erreichen.

Der Weg nach Joure führt direkt nach der Einfahrt in das Langwarder Wielen nach Steuerbord. Bleiben Sie wegen der Untiefe am Ostufer in der Fahrrinne. Nach Steuerbord gelangen sie durch die (meist offen stehende) Schleuse in die Jouster Sylroede. Nach 1 km erreichen Sie die Passantenhaven am Ortseingang.

Die Terrassen auf der Hauptstraße von Joure laden zum Verweilen ein.

Die Penninga's Mühle ist mit ihren 33 Metern die höchste Kornmühle in Friesland.

Joure

Auf den ersten Blick sieht Joure wie alle anderen Friesenstädte aus. Aber dieser Eindruck trügt, zumindest was die Stadtrechte betrifft, denn diese existieren hier nicht. Die Friesen bezeichnen diesen Ort als *Vlecke,* also als eine sogenannte Minderstadt. In den Niederlanden ist der Name Joure mit anregenden Heißgetränken verbunden, denn hier eröffnete Egbert Douwes 1753 den Kolonialwarenladen »De Witte Os« (Der weiße Ochse), wo er Tee, Kaffee, Schokolade und Südfrüchte verkaufte. Damit legte er den Grundstein für einen Großkonzern, der bis heute (hauptsächlich) mit Kaffee und Tee handelt. In der ersten Douwe-Egberts-Fabrik ist das Museum Joure untergebracht, das mit einer Sammlung an Kaffee-, Tee- und Tabaksexponaten ausführlich auf den Firmengründer eingeht; sein einstiges Kolonialwarengeschäft tut heute Dienst als Museumsladen. Daneben ist Joure berühmt für

Öffnungszeiten Brücken und Schleusen Provinz Friesland

April bis Oktober:
täglich 9–12, 13–16.15, 17.15–19 Uhr (Juni–August bis 20 Uhr)
www.fryslan.nl

Stewards

In den Hochsaisonmonaten Juli und August setzt das niederländische Wasserministerium bei stark frequentierten Schleusen sogenannte Stewards ein. Als hilfreiche Geister gehen sie beim Schleusvorgang Freizeitkapitänen und Berufsschiffern zur Hand und verkürzen deren Wartezeiten.

seine Uhrmacher, die bis heute die typisch friesischen Pendulen herstellen. Einige dieser Handwerksbetriebe kann man besichtigen, und im Museum Joure gibt es eine Uhrenabteilung, in der eine Uhrmacherwerkstatt nachgestellt ist.

Das Rathaus befindet sich etwas abseits vom Zentrum im Schloss Herema State in dem gleichnamigen Park. Die reiche Innenausstattung im Louis-quatorze-Stil erinnert an die adlige Familie, die das Landgut vom 17. bis ins 20. Jahrhundert bewohnte. Im »blauen Saal« mit den sechs hohen Fenstern wird heute gerne geheiratet.

Eine weitere Erinnerung an die gute alte Zeit ist die Penninga's Molen, mit 33 Metern die höchste Kornmühle Frieslands. Ursprünglich wurde sie zum Holzsägen eingesetzt, aber nachdem Mahlsteine eingebaut worden waren, benutzte man sie zum Mahlen von Reis- und Kaffeehülsen. Die andere, nicht zu übersehende Mühle in Joure ist die Groene Molen, eine Spinnkopfmühle, die zur Entwässerung kleiner Polderflächen eingesetzt wurde.

Im Sommer verwandelt sich der Ort in eine Wassersporthochburg. Da man die vielen Urlauber, die auf ihren Booten anreisen, bei Laune halten will, werden für sie im Juli Ballontage organisiert. Wenn dann an fünf Tagen Dutzende Heißluftballone aus aller Welt gen Himmel steigen, spricht man nicht mehr vom *Vlecke,* sondern von *Balloon City*. Und schließlich werden zur Gaudi vieler im September die Weltmeisterschaften im Velosolex-Fahren ausgetragen.

Auf der Midstraat ist Shopping angesagt, denn hier gibt es zahlreiche Modegeschäfte. In drei Supermärkten kann man die Kombüsenvorräte nachfüllen; samstags findet in der Innenstadt ein Gemüse- und Obstmarkt statt.

Der Rückweg nach Sneek beginnt im Westen von Joure. Nach der Schleuse führt die Route über die Noarder Alde Wei bis zum Sneekermeer. Der Weg ist in der Route 1 dieses Kapitels beschrieben. Wer wenig Tiefgang hat, kann abkürzen und zwischen der westlich gelegenen Insel Lytse Griene und der Halbinsel Greate Griene hindurchfahren, um nach ca. 1 km auf die bekannte Route zu kommen.

NORD
Follegasloot
Tjeukemeer
Pier Christiaansl
D
Grutte
Brekken
Echtenerbrug
Lemmer
IJsselmeer
Lemstervaart
Emmeloord
Tollebeek
Urk
Urkervaart
IJsselmeer
Schokkerhaven
Ketlemeer

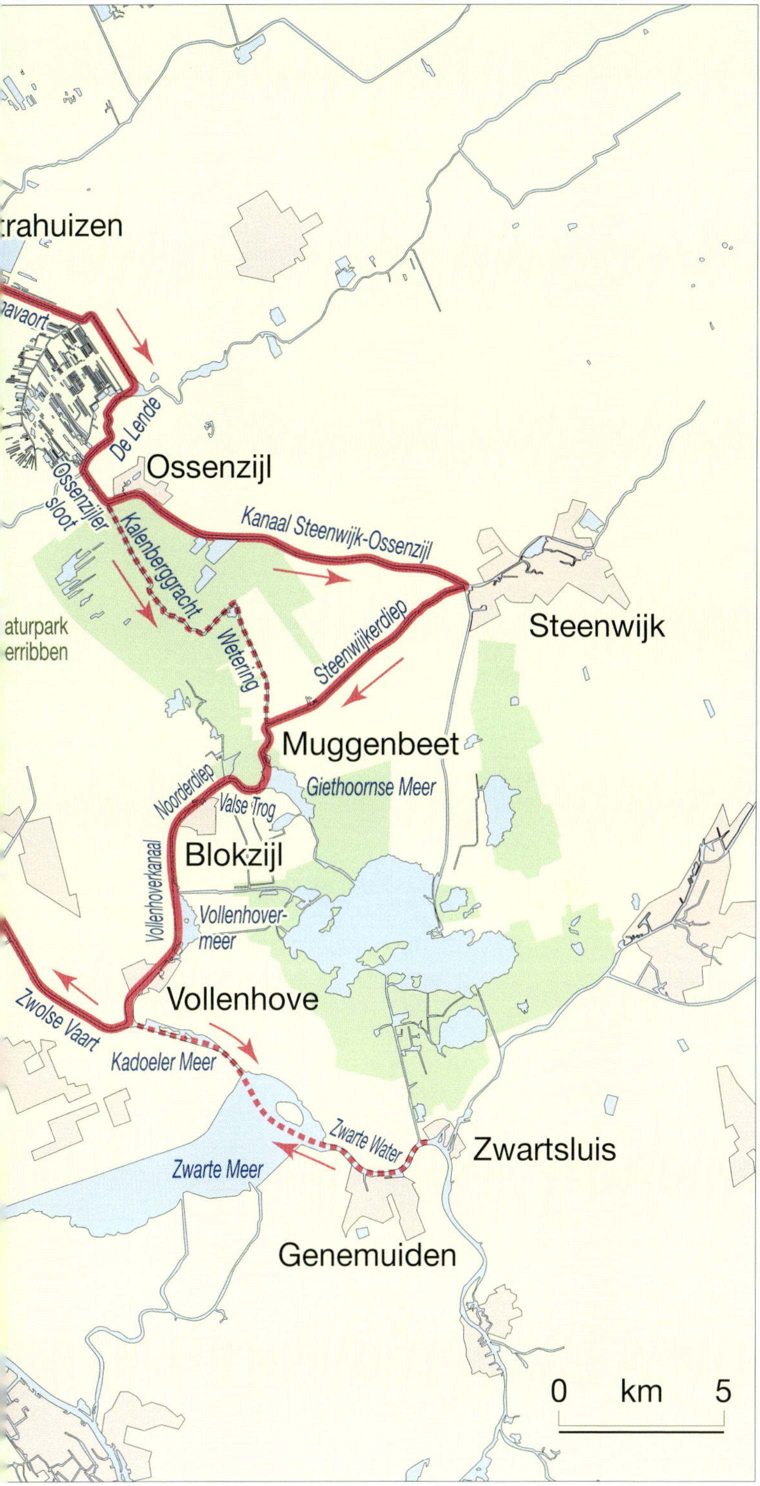
:rahuizen
avaort
De Lende
Ossenzijl
Ossenzijler sloot
Kalenberggracht
Kanaal Steenwijk-Ossenzijl
Steenwijk
aturpark
erribben
Wetering
Steenwijkerdiep
Muggenbeet
Noorderdiep
Giethoornse Meer
Valse Trog
Blokzijl
Vollenhoverkanaal
Vollenhover-
meer
Vollenhove
Zwolse Vaart
Kadoeler Meer
Zwarte Water
Zwartsluis
Zwarte Meer
Genemuiden
0 km 5

5. Route: Rund um den Noordoostpolder

Entfernungen	
Lemmer–Ossenzijl	23 km
Ossenzijl–Steenwijk	14 km
Steenwijk–Blokzijl	12 km
Abstecher nach Zwartsluis (einfache Entfernung)	11 km
Blokzijl–Emmeloord	19 km
Abstecher nach Urk (einfache Entfernung)	13 km
Emmeloord–Lemmer	18 km
Insgesamt (+Abstecher)	**86 (+48) km**

Unterwegs auf der Jonkersvaart in der Nähe von Echtenerbrug.

8 Schleusen

Karte: ANWB Waaterkarte B – Friesland,
C – Noord West Overijssel

Aus Wasser Land zu machen ist die Spezialität schlechthin der niederländischen Wasserbauingenieure. Auf diesem Törn machen Sie Bekanntschaft mit einem Landgewinnungsprojekt im heutigen IJsselmeer, dem Noordoostpolder.

Schwere Überschwemmungen und der Mangel an Landwirtschaftsfläche waren die Hauptgründe für die umfangreichen Eindeichungsoperationen, die im 19. Jahrhundert geplant und im 20. Jahrhundert ausgeführt wurden und denen neben dem Noordoostpolder auch der Flevopolder zu verdanken ist.

Im Zentrum von Lemmer, heutzutage einem der wichtigsten Wassersportorte Frieslands.

Die Trockenlegung von Wasser, Sumpf oder Morast und die Umwandlung in nutzbares Land lassen sich – einfach erklärt – mit dem Auslöffeln eines Suppentellers vergleichen. Zuerst wird um das ganze Areal ein Ringdeich angelegt: der Rand des Suppentellers. Dann pumpt man mithilfe von Mahlwerken das Wasser aus dem eingedeichten Gebiet ab: das Auslöffeln des Suppentellers. Sobald das Land trockengelegt ist – im leeren Teller wird der Boden sichtbar – kann es bebaut oder urbar gemacht werden.

Das »Auslöffeln« des Noordoostpolders, der 55 km lang ist und eine Gesamtfläche von 48 000 Hektar umfasst, wurde 1940 abgeschlossen. Später folgte der noch viel größere Flevopolder (siehe dazu 1. Route im Kapitel »Westfriesland & Flevopolder«). Ausgangsort dieser Route ist Lemmer.

Lemmer

Die einstige Fischereihochburg Lemmer an der Ostgrenze des Naturgebiets Gaasterland war im 17. und 18. Jahrhundert der bedeutendste Hafen für den Ostseehandel. Heute zählt die Stadt am IJsselmeer zu den wichtigsten Wassersportorten Frieslands. In der Schleuse auf dem Weg zum IJsselmeer geben sich an Sommertagen – von vielen Schaulustigen bewundert – Dutzende Klipper und hochmoderne Yachten ein Stelldichein.

In der Ortsmitte gibt es am Korte- und am Langestreek einige hübsche alte Hausgiebel zu bewundern. Sehenswert ist auch die

An der Südeinfahrt von Lemmer muss in der Schleuse ein enormer Höhenunterschied bewältigt werden.

reformierte Kirche aus dem 18. Jahrhundert mit ihren Gewölbemalereien, die 1984 bei einer Restaurierung zum Vorschein kamen. Sie stellen den nördlichen und südlichen Sternenhimmel dar. In der Mauer des Kirchturms wurde nach dem Zweiten Weltkrieg ein Bronzerelief zum Gedenken an die Toten angebracht. Es zeigt einen knienden Mann, der eine Taube auffliegen lässt.

Leider ist die Herberg de Wildeman im Moment geschlossen. Es gibt Bestrebungen, das traditionsreiche Hotel aus dem Jahre 1773 wiederzueröffnen, aber bis dahin muss der Blick von außen genügen: Im reich verzierten Giebel des zweistöckigen Hauses mit drei Eingangstüren wird der Name der alten Herberge mit einem in Stein gehauenen »wilden Mann« versinnbildlicht.

Wie es im alten Lemmer zuging und wie sich Schiffsbau, Fischerei und Handel auf die Stadt auswirkten, ist anhand einer Sammlung entsprechender Objekte im Streekmuseum anschaulich dargestellt. Wer sich fürs Tauchen interessiert, findet alte Anzüge und frühere Ausrüstungen im *Duikmuseum*.

Unweit der Stadt fällt ein gigantischer Schornstein auf. Er gehört zu dem imposanten Dampfschöpfwerk Wouda, einem Industriedenkmal und UNESCO-Welterbe, bei dessen Besichtigung man viel über die niederländische Wasserwirtschaft erfahren kann. Zwischen Mitte des 19. Jahrhunderts und 1920 sorgten gut und gerne 700 Dampfpumpwerke dafür, dass die Niederländer keine nassen Füße bekamen. Als die Elektrizität aufkam, verloren die meisten dieser Einrichtungen an

Bedeutung; viele wurden abgerissen und durch moderne elektrische Schöpfwerke ersetzt. 18 der alten Anlagen sind erhalten geblieben. Eine davon ist das *Woudagemaal*, das weltweit größte Dampfschöpfwerk und mittlerweile das einzige in den Niederlanden, das noch in Betrieb ist. Kernstück des von dem Ingenieur Dirk Frederik Wouda konstruierten Werks sind vier Dampfmaschinen, die pro Minute vier Millionen Liter Wasser abpumpen können.

Das Leben in Lemmer spielt sich größtenteils im Freien ab, wie jeder unschwer bemerkt, der die Stadt im Sommer besucht. Beliebt sind die zahlreichen Straßencafés, viele Lokale und Restaurants verfügen sogar direkt am Wasser über eine Terrasse. Unweit vom Hafen gibt es drei Supermärkte, in denen man sich für die bevorstehende Reise mit Lebensmitteln eindecken kann. Auf dem Kortestreek wird am Donnerstagnachmittag ein Markt mit Frischwaren abgehalten.

Die Reise beginnt bei der Lemstersluis nahe der Altstadt und führt auf der Sylroede bis zum Streamkanaal. Nach ca. 3 km erreichen Sie das betonnte Fahrwasser der Grutte Brekken. Dieser Abschnitt der Route gehört zum Prinses Margrietkanaal und ist entsprechend stark, auch durch Berufsschifffahrt, befahren. Am Nordende der Grutte Brekken biegen Sie nach Steuerbord in die Follegasloot ein, um nach 3 km das Tjeukemeer zu erreichen, das mit seinen 22 Quadratkilometern der größte Binnensee Frieslands ist. Da er nicht überall gleich tief ist, sollte sich, wer nicht auflaufen will, an die Betonnung halten. Übrigens gab es im 19. Jahrhundert Pläne zur Trockenlegung des Sees. Ausgeführt wurden sie jedoch nie.

Folgen Sie der südlichen Fahrrinne, sie führt sie direkt in die Wasserstraße Pier Christiaansloot. Sie passieren die gleichnamige Brücke und biegen am Ende der Wasserstraße nach Backbord und gleich darauf wieder nach Steuerbord in die Jonkers- of Helomavaort ein, die zur Oldelamerbrug führt. Dort beginnt das Naturreservat *Rottige Meente*, das im 19. und 20. Jahrhundert durch das Abstechen des Torfs beziehungsweise durch die Vermoorung entstanden ist. Für Ausflügler ist nur ein kleiner Teil im Norden zugänglich.

Die Jonkers- of Helomavaort ist die östliche Grenze des Reservats. Bei der ersten Gelegenheit biegt man nach Steuerbord in die De Lende ab, um nach wenigen Metern die Schleuse Mr. H. P. Linthorst Homanssluis zu erreichen. Die De Lende ist die Grenze zwischen den Provinzen

Öffnungszeiten Brücken und Schleusen Provinz Overijssel

April bis Oktober: Mo–Sa 8–12, 13–19 Uhr, So 9–12, 13–19 Uhr

Rietgedecktes Haus am Rande des Nationalparks De Weerribben.

Friesland und Overijssel. Nach ca. 3 km auf dem windungsreichen Flüsschen und noch vor der nächsten Brücke biegt man nach Backbord in die Ossenzijlersloot und erreicht bald Ossenzijl.

Ossenzijl und Nationalpark »De Weerribben«

Das Dorf Ossenzijl liegt am Nordausgang eines der schönsten Nationalparks des Landes, *De Weerribben*. Ein Abstecher in dieses größte zusammenhängende Flachmoor in Nordwesteuropa ist sehr lohnenswert. In diesem Gebiet mit seiner einzigartigen Flora und Fauna trifft man ab und zu auf einen Otter. Das kleine Säugetier mit den Schwimmhäuten zwischen den Zehen und dem dichten, glänzenden Fell wurde vor einem guten Jahrzehnt ausgesetzt und gedeiht seither prächtig. Andere seltene Tiere, die einem hier über den Weg laufen beziehungsweise fliegen können, sind die Schwarze Seeschwalbe oder der Große Feuerfalter, der weltweit nur noch an zwei weiteren Orten vorkommt. Im Besucherzentrum in Ossenzijl werden verschiedene Touren zu Fuß, zu Pferd, mit dem Fahrrad, dem Kanu oder einem mit Elektromotor ausgestatteten »Flüsterboot« (*fluisterboot*) angeboten.

Nach Ossenzijl geht es in östlicher Richtung weiter. Wer wenig Tiefgang hat, kann den außerordentlich reizvollen Naturpark De Weerribben auf der Kalenbergergracht durchfahren. Unterwegs gibt es Anlegestellen. Nach Kalenberg geht es dann weiter über Backbord auf der Heuvengracht und gleich danach über Steuerbord auf die Wetering. Nach ca. 5 km und der Durchfahrt durch eine automatische

Sie gehört zu den schönsten Wasserstraßen des Landes: die Kalenbergergracht.

Schleuse in Holtwegdiep in der Nähe des alten Festungsstädtchens Steenwijk.

Brücke trifft man auf das Steenwijkerdiep, das nach Nordosten nach Steenwijk führt.

Wer lieber 1,8 m Wassertiefe hat, fährt Backbord in den 12 km langen Kanaal Steenwijk-Ossenzijl ein bis zum nächsten Etappenziel: Steenwijk. Unterwegs kommt man an vier automatischen Brücken vorbei. Sobald die Worte *brug wordt bediend* auf der LCD-Anzeigetafel aufleuchten, hat das System Ihr Hausboot erkannt und die Brücke wird sich von selbst öffnen.

Der beschauliche Wasserlauf lädt immer wieder zum Verweilen ein. Langsam, aber sicher verändert sich die Landschaft: Statt Sumpf, Schilf und topfebenen Endlosfeldern bekommt die Natur einen leicht hügeligen Charakter, Bäume und Steine prägen das Bild. Entstanden ist diese wellige Moränenlandschaft durch die in der Eiszeit von der Ostsee bis tief in die Niederlande vorgedrungen Gletscher, die gewaltige Geröll- und Steinmassen mit sich führten. Für Naturliebhaber gibt es an diesem Kanal sechs Anlegestellen, von denen aus man zu Fuß oder mit dem Fahrrad die friedliche Umgebung erkunden kann.

Steenwijk

Der Name des alten Festungsstädtchens weist auf die großen Natursteinvorkommen hin. Steenwijk ist der wichtigste Ort im nördlichen Teil von Overijssel, jenem Gebiet an der Provinzialgrenze, das sich von einer Moorlandschaft in eine Wassersportregion verwandelt hat. Teile der alten Festungsmauern sind erhalten geblieben, desgleichen viele Häuser, wie etwa jenes mit dem breiten Treppengiebel an der Oosterstraat 70 oder die ehemalige Butterwaage, deren Giebel das Wappen

Auf dem Steenwijkerdiep kann es im Sommer ganz schön viel Verkehr geben.

der Stadt ziert. Kaum zu übersehen ist der wuchtige Glockenturm der spätgotischen Hallenkirche, der Grote (oder Sint) Clemenskerk.

Unweit vom Zentrum liegt der Park Rams Woerthe mit einem stattlichen Herrenhaus, das sich ein Steenwijker Getreidehändler um die vorletzte Jahrhundertwende bauen ließ. Der Architekt Adolf Leonard van Gendt, der auch das Amsterdamer *Concertgebouw* entwarf, ließ sich für diesen Auftrag vom englischen Landhausstil inspirieren. Entstanden ist ein Jugendstiljuwel mit Backsteinfassaden, asymmetrischen, mit Holz und Eisen bearbeiteten Giebeln und einem originellen, an einen Champignon erinnernden Eingang. Im Innern führt eine imposante Holztreppe in den oberen Stock. Wände und Decken sind reich verziert mit Holzschnitzereien und Ornamenten aus Papiermaschee, die der Bauherr in Spanien und Italien herstellen ließ. Die Bleiglasfenster gehören zu den wertvollsten der Niederlande. Lange Zeit diente die Villa der Stadt als Rathaus. Heute residiert hier eine Kunststiftung, und der Park Rams Woerthe ist für die Öffentlichkeit zugänglich.

Für Lebensmittelbesorgungen geht man am besten zum Steenwijkerdeep. Dort gibt es mehrere Supermärkte sowie eine Filiale von Bakker Steenstra, der auch auf dem Markt frisches Brot anbietet. Auf diesem Platz im Herzen des Zentrums wird an Samstagen ein Wochenmarkt abgehalten.

Für die nächste Etappe verlässt man Steenwijk in südwestlicher Richtung auf dem Steenwijkerdiep. Diese Wasserstraße darf nur mit 6 km/h befahren werden, da sie nur einen Tiefgang von 1,60 m hat. Es gibt

Ein Spaziergang durch Zentrum und Hafen von Blokzijl ist lohnenswert.

mehrere Anlegestellen, wo man maximal zwei Tage verbleiben darf. Auf diesem Kanal gibt es zwei Brücken (täglich 9–12, 13–19 Uhr). Bei Muggenbeet am Ende des Steenwijkerdiep fahren Sie in Richtung des Giethoornse Meer. Folgen Sie unbedingt der betonnten Fahrrinne, außerhalb derselben ist das Giethoornse Meer untief. Wählen Sie die westliche Fahrrinne, um nach wenigen Metern nach Steuerbord in die Valse Trog zu fahren. Nach gut 1 km führt sie über das Noorderdiep nach Blokzijl, dem nächsten Etappenziel. Um in die Stadtmitte zu gelangen, muss die Schleuse (Mo–Sa 8–12, 13–19 Uhr, Juli und August keine Mittagspause, So erst ab 9 Uhr) passiert werden. Sie wird sehr stark frequentiert, in der Hochsaison beträgt die Wartezeit etwa eine Stunde.

Blokzijl

Das charmante Hafenstädtchen Blokzijl wurde im 15. Jahrhundert von holländischen Händlern gegründet. Die ausgezeichnete Wasserverbindung zwischen Steenwijk und der alten Zuiderzee war ideal für den Torftransport. Heute liegt der Ort mit seinem gut erhaltenen Stadtbild an der Ostseite des Noordoostpolder und ist dank seines Anschlusses zum IJsselmeer durch das Vollenhovenmeer, das Zwarte Meer sowie das Ketelmeer ein lebhafter Treffpunkt für Wassersportler.

Die vortrefflich restaurierten Kaufmannshäuser rund um den historischen Hafen erinnern mit ihren Treppen-, Hals- und Glockengiebeln an Amsterdam und sind ein beliebtes Fotomotiv bei Touristen, genauso wie die alte Kanone, durch deren Schüsse die Bewohner früher vor

Am Rande des Nationalparks De Weerribben steht das A. F. Stroïnk-Pumpwerk.

drohendem Hochwasser gewarnt wurden. Die Bierkade und die Brouwerstraat gemahnen an die einstige Blütezeit, als es hier nicht weniger als fünf Bierbrauereien gab. Doch der Rückgang des Torfabbaus und die Versandung des Hafens machten aus Blokzijl Ende des 17. Jahrhunderts ein verschlafenes Städtchen, das erst mit dem Aufkommen des Wassersports wieder aufblühte.

Ein Begriff ist Blokzijl heute auch unter Feinschmeckern, was in erster Linie dem Sternerestaurant Kaatje bij de Sluis zu verdanken ist. Falls dort kein Tisch mehr frei ist, gibt es rund um den Hafen genügend andere Speiselokale und (für Selbstversorger) diverse Einkaufsmöglichkeiten.

Beim Verlassen des Ortes kommt man durch eine weitere Schleuse. Die 7,05 m breite Keersluis ist immer offen. Danach geht es auf dem Vollenhoverkanaal gen Süden; diese Route wird auch von Segelschiffen benutzt, wenn sie über die als *Randmeren* bezeichneten Seen ins IJsselmeer wollen. Unterwegs gibt es immer wieder Anlegestellen, wo man maximal drei Tage gratis liegen darf. Der Weg durch das Vollenhovermeer ist markiert, außerhalb der Markierungen ist der See untief. Im Ort Vollenhove gibt es eine Brücke (Mo–Fr 8.30–12.30, 13.30–16.30, 18–19, Sa 7.30–12.30, 13–19, So 9–12, 13–19 Uhr).

Kurz hinter Vollenhove führt die Route der Rundfahrt nach Westen in die Zwolse Vaart über Emmeloord nach Lemmer zurück. Hier bietet es sich aber an, zunächst einen Abstecher von 11 km (einfache Entfernung) nach Zwartsluis zu machen.

Frysk Menu

Die Provinz Friesland kennt zahlreiche typische Gerichte, von der Senfsuppe bis zu Keksen wie den *dúmkes*. Zur Förderung der friesischen Esskultur servieren mehrere Restaurants ein *Frysk Menu* mit drei Gängen. Bedingung ist, dass die Speisen des »Friesenmenüs« authentisch sein müssen und als Zutaten friesische Regionalprodukte verwendet werden.

Die Route nach Zwartsluis führt von hier zunächst nach Osten auf dem Kadoeler Meer. Ab hier sollten sie die gut betonnte Fahrrinne wegen Untiefen nicht mehr verlassen. 5 km hinter Vollenhove erreichen Sie die Kadoelerkeersluis (Mo–Sa 7.30–10, 10.15–12.15, 13.30–16, 16.15–19, So 9–12.15, 13.30–19 Uhr). Nach der Schleuse fahren Sie in das Zwarte Meer, folgen der Fahrrinne durch das Zwanendiep und das Zwolse Diep in südöstlicher Richtung und erreichen die Zwarte Water. (Achtung! In Genemuiden verkehrt eine Kabelfähre.) Nach 4 km kommt Zwartsluis.

Zwartsluis

Wie Blokzijl war auch Zwartsluis ein Durchgangshafen. Der früher in der Provinz Drenthe gestochene Torf wurde von hier aus auf dem Zwarte Water (»schwarzes Wasser«) in den Westen der Niederlande transportiert. Ein paar Häuser und die reformierte Kirche mit ihrer ansprechenden Kanzel aus dem 17. Jahrhundert sind die übrig gebliebenen Relikte aus der damaligen Zeit. Später blühte der Schiffsbau auf. In dieser Branche verdienen bis heute viele Einwohner ihr Geld. Eine andere Einnahmequelle von Zwartsluis ist der Wassertourismus.

»Schwarzstrümpfler«

In den Niederlanden ist Zwartsluis auch als eine religiöse Hochburg bekannt. Der Ort gehört zum *Bible Belt*, einem schmalen Gürtel, der sich von der südwestlichen Provinz Zeeland quer durch die Niederlande bis in diese Gegend im nördlichen Teil der Provinz Overijssel zieht. Hier wohnen sogenannte Schwarzstrümpfler, strenggläubige Christen, die zur orthodox-reformierten Kirche gehören und ihr Leben strikt nach der Bibel richten. Der Sonntag ist ihnen heilig, und mit Ausnahme von zwei oder drei Kirchgängen sind ihnen an diesem Tag keine Aktivitäten erlaubt. Fernsehen und elektronische Medien sind bei ihnen verpönt, Autoversicherungen schließen sie nicht ab und Schutzimpfungen werden prinzipiell abgelehnt. Die Frauen tragen lange, dunkle Röcke und schwarze Strümpfe (daher der Name) und knoten ihr Haar am Hinterkopf zusammen.

Seit 1918 sind die Schwarzstrümpfler mit ihrer Partei, der *Staatkundig Gereformeerde Partij*, im nationalen Parlament in Den Haag vertreten. Seit 2012 haben sie drei der insgesamt 150 Sitze inne, was nahezu 200 000 Stimmen entspricht. Die Statuten verbieten Frauen eine Mitgliedschaft in dieser Partei. Internationale Organisationen haben die Niederlande deswegen schon mehrmals gerügt. 2012 hat der Europäische Gerichtshof für Menschenrechte verfügt, dass die bibelfesten Männer auch Frauen in ihre Partei aufnehmen müssten. In die Tat umgesetzt wurde das Urteil bisher jedoch nicht.

Diese Gemeinschaft, die auf ein paar Hunderttausend Mitglieder geschätzt wird, steht in starkem Kontrast zu den sonst so modernen Niederlanden. Trotzdem nimmt man viel Rücksicht auf diese Minderheit. So wird immer an einem Mittwoch gewählt und nicht, wie in anderen Ländern üblich, am Wochenende. Und der nationale Feiertag zu Ehren des Königs wird jeweils am Samstag zelebriert, falls der 27. April auf einen Sonntag fällt.

Aus diesem Grund werden Sie in Zwartsluis sonntags keine Einkäufe im Supermarkt (Molenstraat 23) machen können. Die meisten Kneipen sind (im Sommer) jedoch auch an Sonn- und Feiertagen offen.

Von Zwartsluis nach Urk geht es zunächst auf demselben Weg wieder zurück bis kurz vor Vollenhove. Hier erreichen Sie über Backbord die Voorstersluis, die in die Zwolse Vaart führt. Nach 6 km schleusen Sie ein zweites Mal in der Marknessersluis und fahren weiter an Emmeloord vorbei. Die Route führt auf der Urkervaart durch den Noordostpolder. Die Brücken im Nordoostpolder sind entweder bewegliche Brücken mit einer Höhe von mind. 2,3 m, die vom Schleusenwärter in Urk (fern-)bedient werden oder es sind feste Brücken mit einer Höhe von 6,5 m. In diesem Abschnitt der Route von Zwolse Vaart und der Urkervaart kann, bedingt durch Winddruck, die Wassertiefe um bis zu 20 cm schwanken. Bedenken Sie, dass das auch eine Änderung der Brückendurchfahrtshöhe zur Folge hat. 12 km sind es bis Urk, der Hafenstadt am IJsselmeer. Unterwegs kommen Sie an dem jüngsten Polderdorf, Tollenbeek, vorbei, es gibt dort mehrere Anlegestellen. Die Yachthäfen von Urk liegen hinter der Urkersluis auf der Seeseite.

Urk

Früher war Urk (sprich Örk) eine Insel in der Zuiderzee, die im Rahmen der Landgewinnungsarbeiten 1939 an den Noordoostpolder »angeklebt« wurde. Nun liegt das malerische Fischerdorf am Polderrand.

Die 14 Meter hohe rote Kappe des Leuchtturms im Hafen von Urk begrüßt Reisende schon von Weitem.

Doch bis auf den heutigen Tag sagen die Einheimischen, dass sie *op* Urk (*auf* Urk) wohnen und nicht, wie sonst landesüblich, in einem Ort.

Urk ist in den Niederlanden ein Synonym für Fisch. Die Urker Flotte sorgt für frischen Fang, der in den zahlreichen Geschäften im Hafen und den umliegenden Gassen verkauft wird. Wie wichtig Fisch hier ist, zeigt sich an der Urker Flagge, auf der ein Schellfisch abgebildet ist. Und in dem kleinen Gotteshaus, dem *kerkje aan de zee* (Kirchlein am Meer), hängen außer einer Glocke aus dem Jahre 1461 mehrere Schiffsmodelle. Aber die Fischerei hat von der kleinen Gemeinschaft auch einen hohen Zoll gefordert. Das zeigt eindrücklich das *Vissersmonument*, ein Denkmal für die in Wellen und Stürmen umgekommenen Fischer. Es stellt eine Fischersfrau dar, die über die Schulter zum IJsselmeer hinüberschaut, von wo ihr Mann hätte kommen sollen. Um das Denkmal herum befinden sich Marmorplatten mit 368 Namen von Ertrunkenen; allein zwischen 1865 und 1904 kamen mehr als 210 Urker in den Fluten der Zuiderzee um.

Gleich dahinter steht der altehrwürdige weiße Leuchtturm, dessen 14 m hohe rote Kappe schon von Weitem zu sehen ist. Oben auf dem Turm, der in den Sommermonaten bestiegen werden kann, hat man eine wundervolle Aussicht aufs IJsselmeer. Und man sieht die vielen Windturbinen, die wie Zinnsoldaten in Reih und Glied auf dem Deich stehen. Viele Urker betrachten diese moderne Errungenschaft allerdings als eine Verschandelung ihres Dorfes.

Frauen in Tracht

In Urk wird Wert auf Traditionen gelegt. Wie in Zwartsluis gibt es hier viele orthodoxe Protestanten, die auch in der Exekutive des Ortes gut

Die Urkervaart verbindet die ehemalige Insel Urk mit dem Städtchen Emmeloord auf dem Flevopolder.

vertreten sind. Am Sonntag gehen sie zweimal zum Gottesdienst und die meisten Restaurants sind geschlossen – auch während der Touristensaison (zumindest wird heutzutage die Schleuse sonntags bedient). Zwar werden es immer weniger, aber es gibt sie noch, die Urker Männer und Frauen in Tracht – auch an gewöhnlichen Wochentagen. Sie mögen es aber ganz und gar nicht, wenn sie fotografiert werden! Ansonsten ziehen sich vor allem am Samstag vor Pfingsten, dem *Urkerdag*, viele das traditionelle Kleidungsstück an. Im Museum *Het Oude Raadhuis* wird eine vielfältige Sammlung der alten Trachten gezeigt.

Im Einkaufszentrum können Sie Vorräte für die Rückreise erwerben. Schauen Sie beim Bäcker Brouwer (Nagel 54) vorbei. Er verkauft die alte Urker Spezialität *dikkoek*. Sie stammt aus der Zeit, als das Dorf eine Insel war, und galt lange Zeit als eine Armenspeise. Es handelt sich um einen 10 cm dicken Keks aus Hefeteig, der je nach Portemonnaie mit Speck und Eiern (oder Rosinen und Sultaninen) zubereitet wurde. Die Kekse waren unter Fischern sehr beliebt, weil sie länger haltbar waren als gewöhnliches Brot. Die größten *dikkoek*-Esser sind heute die Bewohner im Altersheim von Urk.

Die Rückreise nach Lemmer beginnt hinter der Schleuse auf der Urkervaart in Richtung Emmeloord. Nach Emmeloord biegt man in die nach Norden führende Lemstervaart ein. Die dortige Brücke wird bei Bedarf von Urk aus geöffnet. Am Ende dieses Wasserweges erreicht man Lemmer.

Groningen

Ruhe und Beschaulichkeit im Deichvorland, schmale, baumumsäumte Wasserwege und breite Bauernhäuser mit Dächern, die fast bis zum Boden hinunterreichen. Die ab und zu von einem See und grünen Poldern geprägte Landschaft der Provinz Groningen gilt unter Hausbootkapitänen als Geheimtipp.

NORD
Lauwesmee
Dokkum
Engwierur
Dokkumer Grutdjip
Burdaard
Nije Swemmer
Kollum
Bartlehiem
Nije Feart
Dokkumer Ie
Stoppelsoal
Leeuwarden
Prinses Margrietka
Wide Le
Burgumer Mar
Langdeel
Lange Mear
Hempens
Burgum
Warten
Prinses Margriet-kanaal
De Leien
Earnewâld
Peinder Kanaal
Drac
Grouw
Âlde Feânen
De Veenhop
Smalle Le

Zoutkamp
kkumer Djip
orèsluis
Reitdiep
Grijpskerk
Groningen
Van Starkenborghkanaal
aal
Reitdiep
Stroobos
Zuidhorn
Alternativroute
0 km 5

1. Route: Die Zwei-Provinzen-Route

Entfernungen	
Groningen–Burgumer Meer	36 km
Burgumer Meer–Leeuwarden	26 km
Burgumer Meer via Drachten–Leeuwarden	37 km
Leeuwarden–Dokkumer Nieuwe Zijlen	35 km
Dokkumer Nieuwe Zijlen via Reitdiep–Groningen	51 km
Dokkumer Nieuwe Zijlen via Burgumer Meer–Groningen	55 km
Insgesamt (+Abstecher)	**148 (+15) km**

4 Schleusen

Karte: ANWB Waaterkarte A – Groningen/Drenthe, B – Friesland

Von Ost nach West, von Provinzhauptstadt zu Provinzhauptstadt: Auf größeren Kanälen führt diese Route von Groningen in der gleichnamigen Provinz ins friesische Leeuwarden. Wegen der Berufsschiffart auf dem Prinses Margrietkanal und der im Allgemeinen niedrigen Durchfahrtshöhe, enger Schleusen und Kanäle im Norden ist diese Tour nicht unbedingt etwas für Anfänger. Mit etwas Erfahrung und Sicherheit am Steuer ist diese reizvolle Route aber gut zu fahren und sehr romantisch.

Groningen

Groningen gilt als sehr kurzweilig und gesellig. Immerhin sorgen in der nördlichsten Stadt des Landes etwa 50 000 Studierende für viel Betrieb in der autofreien Altstadt. Die Universität und die vielen Fachhochschulen locken auch immer mehr Studenten aus Deutschland an.

Die Provinzmetropole ist auf dem nördlichsten Ausläufer des Hunsrück entstanden. Archäologische Funde verrieten, dass hier wahrscheinlich schon vor rund 6000 Jahren Menschen wohnten. Doch die Stadtrechte erhielt *Grunnen*, wie Groningen im Dialekt genannt wird, erst zu Beginn des 14. Jahrhunderts. Aus jener Zeit stammt auch eines der ältesten Häuser, das *Gotisch Huis*, in dem sich heute das Schifffahrtsmuseum befindet. Nach und nach entwickelte sich die Stadt, schloss sich dem Hanseverbund an und präsentierte sich ab dem 15. Jahrhundert als mächtiges Handelszentrum. Spuren dieser wohlhabenden Vergangenheit kann man bis heute finden. Der *Olle*

Früher wurden hier Arme und Kranke empfangen, heute ist das Sint Anthony Gasthuis ein Bed and Breakfast.

Ein echter Groninger sollte den Olle Grieze, den Turm der Martinikirche, sehen können, heißt es im Volksmund.

Im ehemaligen Finanzamt (Goudkantoor) aus dem Jahre 1635 kann man heute speisen.

Grieze etwa, der alles überragende grüne Turm der Martinikerk, war mit seinen 97 Metern schon damals das Wahrzeichen der Stadt. Im Chor der mehrfach um- und ausgebauten Kirche gibt es spätgotische Fresken mit Szenen aus dem Neuen Testament zu bewundern.

Der *Grote Markt* und der *Vismarkt* waren damals – genau wie heute – der Mittelpunkt des städtischen Lebens. Allerdings wurden im Zweiten Weltkrieg viele historische Gebäude zerstört. Überlebt hat das *Goudkantoor*, das ehemalige »Finanzamt« aus dem Jahre 1635. Das reich verzierte Haus ist das letzte, das in Groningen im Stil der Renaissance gebaut wurde; heute dient es als Restaurant.

Weitere Zeitzeugen im Zentrum sind die über 30 *hofjes*. Diese kleinen, um einen Innenhof gruppierten Häuschen boten früher Pilgern, Armen und Kranken Obdach und werden heute von Alleinstehenden oder Studierenden bewohnt. Am Grachtengürtel rund um den Stadtkern stehen noch zahlreiche alte Patrizierhäuser und Speichergebäude, die zu modernen Wohnungen umfunktioniert wurden.

Der Mix zwischen Altem und Neuem ist in Groningen im Allgemeinen gut gelungen, obwohl viele Einwohner die Nase über den in den 1990er-Jahren auf dem *Grote Markt* realisierten Komplex mit Wohnungen und Geschäften rümpfen. Dafür erstrahlt das benachbarte Rathaus mit den vier Säulen am Eingang, das Anfang des 19. Jahrhunderts entstand, in unangetasteter Monumentalität.

Das Groninger Museum ist für die einen das modernste Gebäude im Norden der Niederlande – für andere jedoch ein Schandfleck. Ein Besuch ist in jedem Fall lohnenswert.

Sinn für abenteuerliche Bauten kann man den hiesigen Stadtvätern nicht absprechen. Das zeigt sich auch beim *Groninger Museum* auf der Museumsinsel gegenüber vom Bahnhof. Allein schon das (umstrittene) Gebäude, das von dem Italiener Alessandro Mendini entworfen und von den Architekten Philippe Starck, Michele de Lucchi und Coop Himmelb(l)au gebaut wurde, ist ein riesiges Abenteuer. Das fängt mit der fröhlich blauen Klappbrücke an, dem Zugang zur Insel, und endet mit dem goldenen, fensterlosen Turm und zwei unförmig wirkenden und untereinander verbundenen Pavillons, die teils mit bunten Fliesen verziert sind oder aus gepresstem Kunststoff bestehen. Im Innern, das ebenso farbenprächtig gestaltet ist wie die Außenseite, werden meist thematische (Wechsel-)Ausstellungen gezeigt. Die ständige Sammlung – Schwerpunkt Groninger Kulturgeschichte – nimmt relativ wenig Platz ein.

Ein anderes Symbol der modernen Zeit ist der Firmensitz des Energieunternehmens *Gasunie* (Gasunion). Von außen ist die 18 Stockwerke hohe, braun-beige Fassade ohne sichtbare Ecken und Verblendmauern. Im Innern dominiert ein regenbogenfarbenes, sich nach oben »schraubendes« Treppenhaus, das von hängenden Grünpflanzen umgeben ist. Künstlerische Wasserinstallationen an den Wänden sorgen für eine ideale Luftfeuchtigkeit. »Affenfelsen« nennen die einen das aufsehenerregende Bauwerk, das 2007 zum schönsten

»Noorderzon«

Das Musik- und Theaterfestival *Noorderzon* in Groningen ist der kulturelle Höhepunkt des Sommers. An elf Tagen treten im *Stadspark Noorderplantsoen* Musiker, Schauspieler, Tänzer, Multimediakünstler und Zirkusakrobaten aus der ganzen Welt auf. Viele der Konzerte und Vorstellungen sind gratis. (www.noorderzon.nl)

Gebäude der Niederlande gewählt wurde, andere reden vom »Hexenschloss«.

Dass Groningen eine Studentenstadt ist, zeigt sich nicht zuletzt an der Vielzahl von Lokalen und Kneipen, die bis in die frühen Morgenstunden geöffnet sind. Im Zentrum rund um die Martinikerk und das Rathaus gibt es zahlreiche Straßencafés.

Auch zum Einkaufen ist dieses Viertel bestens geeignet, wobei sich Abstecher in die Seitengässchen mit ihren vielen interessanten Spezialgeschäften sehr lohnen. Außer montags stehen immer Marktstände auf dem *Grote Markt*, mal vor allem mit Blumen, mal mehr mit Gemüse und Obst. Biologische Lebensmittel kann man dienstags, freitags und samstags auf dem *Vismarkt* kaufen. Wer gerne ein regionales Produkt probieren möchte, sollte der Bäckerei Beukeveld einen Besuch abstatten. Neben vielen anderen Spezialitäten bietet sie *Groninger ontbijtkoek* an, eine Art Honigkuchen, den man mit Butter bestrichen zum Frühstück isst.

In Groningen sitzt man gern draußen, z. B. am Fuß des Martiniturms.

Wer früh losfährt, ist oft allein auf weiter Flur wie hier bei der Schleuse von Aduard.

Die Route beginnt im Passantenhaven von Groningen, dem Oosterhaven. Von hier aus geht es auf den Verbindingskanaal durch die Stadt und unter vier Brücken hindurch. Bei der nächsten Gelegenheit biegt man über Steuerbord ab in den Zuiderhaven. Die Ortsdurchfahrt führt danach nach West in das Reitdiep, dem wir führ etwa 4 km folgen, bis wir die Dorkwerdersluis erreichen. Je nach Verkehrslage kann die Strecke einige Zeit in Anspruch nehmen. (Öffnungszeiten der Brücken ab Groningen bis zur Dorkwerdersluis im Reitdiep: Mo–Sa 9–12, 13–16, 17–19 Uhr. An Sonntagen sind nur Konvoifahrten, *begeleide vaart*, möglich, aus Groningen kommend um 10.30, 14.30 und 17.30 Uhr. Für Rückfahrten siehe Zeiten am Ende der Route). Und falls gerade Schafe eine Brücke überqueren, braucht es noch mehr Geduld. Anstelle von Gärtnern beschäftigt Groningen im Sommer nämlich ein paar Hundert Schafe, die als »Rasenmäher« im ganzen Stadtareal eingesetzt werden.

Am Ende des Reitdiep gelangt man in den Van Starkenborghkanaal. Da dieser auch von der Berufsschifffahrt benutzt wird, sollte man immer genügend Abstand halten, um nicht in den Sog der großen Schiffe zu kommen. Achtung auch bei der Einfahrt! Nach 12 km folgt bereits die nächste Schleuse, die Gaarkeukenschutsluis (Mo–Sa durchgehend von 6–21 Uhr, So 9–19 Uhr). Danach hat man freie Fahrt: Die Brücken sind alle höher als 6,7 m. Wer die lange Reise bis nach Leeuwarden unterbrechen möchte, kann dies im Passantenhaven von Stroobos tun. Nachdem der Kanal seinen Namen in Prinses Margrietkanaal geändert hat, überqueren Sie die friesische Provinzgrenze.

Auf dem Van Starkenborghkanaal heißt es Augen auf, er wird von vielen Berufsschiffern benutzt.

Mit mehreren Biegungen führt dieser Kanal zum Burgumer Mar, dem nördlichsten See der Provinz Friesland. Man sollte die markierte Fahrrinne nicht verlassen, wenn man den See von Ost nach West durchquert, denn an manchen Stellen ist er nur 50 cm tief. Außerdem kann man den Berufsfischern ins Gehege kommen.

Bei der Durchquerung des Sees Wide Le sollte man sich ebenfalls an die markierte Fahrrinne halten. Danach ist es nicht mehr weit bis zur Teilung des Kanals. Es gilt, nach steuerbord zu halten und weiter auf der Lange Mear und der Langdeel bis nach Leeuwarden zu fahren. (Die Beschreibung von Leeuwarden finden Sie bei der 3. Route im Kapitel »Friesland«.)

Wer genügend Zeit hat, sollte beim Burgumer Mar den Van Starkenborghkanaal verlassen. Die 14 km längere Route führt durch ein reizvolles Gebiet. Vom Burgumer Meer aus führt dann die Fahrrinne nach Süden über die de Lits zum See De Leien. Außerhalb der Fahrrinne muss hier mit Untiefen und Hindernissen unter Wasser gerechnet werden.

Am Ende des anschließenden Peinder Kanaal erreicht man die Stadt Drachten. Die Route führt dann weiter nach Westen auf schmalen, sich gelegentlich seeartig erweiternden Gewässern. Auf der Strecke gibt es immer wieder Anlegestellen. Bald erreichen Sie De Veenhoop. Von hier aus geht es nach Steuerbord in die Headamsleat nach Norden. Westlich erstreckt sich nun eines der vielleicht schönsten Gebiete Frieslands – der Nationalpark »Âlde Feanen«, ein zusammenhängender Zwischenmoorkomplex. Es ist möglich, dieses Gebiet zu erkunden – dabei sollte man aber besonders sorgsam sein. Vor der Befahrung können Sie sich z.B. in Earnewâld informieren und detaillierte Karten besorgen. Diese brauchen Sie unbedingt, denn es gibt unzählige Untiefen und auch Hindernisse unter Wasser.

Die beschriebene Route führt an der Westseite von Âlde Feanen vorbei auf der Fokkesleat und Lange Sleatten weiter nach Norden, nach Backbord über das Wartenster Wiid in das Langdeel bis zum Aquädukt Langdeel. Danach erreichen Sie eine betonnte Fahrrinne, der Sie folgen bis nach der Biegung nach West. Hier liegt der erste große Yachthafen. Danach fahren Sie über Steuerbord nach Leuuwarden. Der einfache Passantenhaven ist mitten in der Stadt an der Noorder Stadsgracht. Achtung, die östliche Stadtumfahrung ist wegen fester Brücken nicht möglich. Der Weg zum Dokkumer Ie führt durch die westlichen Grachten der Altstadt. Touristische Informationen über Leuwarden finden Sie bei der Route 3. im 1. Kapitel.

Die Route führt weiter auf der Dokkumer Ie, die mäandernd nach Dokkum fließt. Sie wird im Sommer von 12 000 Booten benutzt, so

ist bei den drei Brücken mit Wartezeiten zu rechnen. Diese lauschige Wasserstraße führt mitten durch saftige Wiesen. Unterwegs gibt es mehrere Anlegemöglichkeiten, wo Hausboote bis zu drei Tagen bleiben dürfen.

Barthlehiem

Als Nächstes erreicht man Barthlehiem, vielen Eisschnellläufer ein Begriff. Hier befindet sich die berühmte »Brücke von Barthlehiem«, unter der die Teilnehmer der *Elfstedentocht* zweimal hindurchmüssen. Sie stellt den psychologischen Wendepunkt dar: Wenn die Eisläufer, die hier jeweils von Zehntausenden Schaulustigen angefeuert werden, die Brücke zum zweiten Mal passieren, wissen sie, dass sie kurz vor dem Ziel in Leeuwarden sind.

Die Flügel der alten Mühle De Zwaluw in dem nächsten Dorf namens Budaard sind schon von Weitem zu erkennen. Diese »Kombimühle« ist eine der seltenen Getreide- und Holzsägemühlen und kann besichtigt werden. Mitten im Dorf bietet das Hotel-Restaurant It Posthûs auf seiner direkt an der Dokkumer le gebauten Terrasse Kaffee und Kuchen oder belegte Brötchen an. Gestärkt gilt es dann noch die letzten Kilometer bis nach Dokkum zurückzulegen.

Nach weiteren 11 km auf der Dokkumer le erreichen Sie Dokkum. Die Stadtdurchfahrt durch Dokkum ist wegen der niedrigen festen Brücken nicht auf der nördlichen Gracht möglich, die mittlere Gracht hat nur eine Durchfahrtshöhe von 2,2 m. Die südliche Umfahrung, an der es auch Liegeplätze gibt, ist ohne Höhenbegrenzung zu befahren.

Dokkum

Jedes niederländische Kind (und natürlich auch jeder Erwachsene) kennt den Namen von Dokkum, der nördlichsten Stadt der Provinz Friesland. Hier wurde im Jahre 754 der Missionar Bonifatius ermordet. An diese Bluttat, die die Stadt zum Wallfahrtsort für Katholiken machte, wird bis heute erinnert. Dem Kirchenmann, der unter anderem die heidnischen Friesen bekehren wollte, sind ein Prozessionspark mit Kapelle und eine Wasserpumpe gewidmet. Letztere soll den Überlieferungen zufolge seit dem 8. Jahrhundert eine Heilquelle sein, was spätere Dokkumer Brauer aber nicht daran hinderte, das ehrwürdige Nass für ihr Bier zu gebrauchen.

Die alten, sternförmig angelegten Festungswälle und Grachten der einstigen Handelsstadt sind gut erhalten geblieben. Am Diep und rund um den Turfmarkt stehen noch ein paar alte Giebelhäuser. Anfang des 17. Jahrhunderts war Dokkum so wichtig geworden, dass die für

Das Rathaus mit seinem klassizistischen Giebel ziert das Zentrum von Dokkum, der nördlichsten Stadt Frieslands.

Die Mühle bei Birdaard an der Dokkumer Ee ist ein guter Orientierungspunkt.

Seehandel und maritime Kriegsführung zuständige Friesische Admiralität ihren Sitz hierher in den Norden der Provinz verlegte. Heute ist im ehemaligen *Admiraliteitshuis* die Sammlung des Dokkumer Museums untergebracht. Neben viel Geschichtlichem und friesischer Keramik ist dort auch eine Ausstellung über Bonifatius zu sehen.

Einen schmucken Anblick bietet das Rathaus. Das mehrfach umgebaute Gebäude aus dem 17. Jahrhundert hat einen hübschen klassizistischen Giebel mit einem weißen Glockenturm.

Im Sommer ist in Dokkum wie in so vielen friesischen Städten Wassersport angesagt. Da die *Staande Mastroute* durch Dokkum führt, sind zahlreiche Segelschiffe hier anzutreffen. Viele Tagestouristen kommen einzig und allein hierher, um von den Terrassen der Cafés am Wasser das bunte Treiben der Boote zu beobachten.

Kulinarisch kommt hier niemand zu kurz, denn in der Innenstadt wimmelt es nur so von Cafés und Restaurants. Übrigens wird in allen Kneipen die örtliche Spezialität getrunken, *Dockumer Kofje*, die friesische Variante von Irish Coffee. Läden sind an der Hoogstraat zu finden. Unweit davon gibt's auch einen Supermarkt.

Zunächst geht die Reise in östlicher Richtung auf der kurvenreichen Dokkumer Grutdjip weiter. Durch diese Wasserstraße pumpen die Behörden überschüssiges Wasser aus Friesland in das östlich gelegene Lauwersmeer. Aus diesem Grund kann der Wasserstand stark schwanken, wobei die Behörden versuchen, eine Tiefe von 1,95 m nicht zu unterschreiten. Wenn Sie Zweifel haben, können sie den aktuellen Wasserstand unter der Tel. 0519 – 220666 erfragen.

Unberührte Natur im Nationalpark Lauwersmeer im Norden der Niederlande.

Ab dem Zusammenfluss von Dokkumer Grutdjip und Dokkumer Dijp gibt es für den weiteren Teil der Reise zwei Alternativen: Der erste Weg, nur für Hausboote mit geringem Tiefgang und bei günstigem Wasserstand, führt über das Dokkumer Dijp, Nije Swemmer, Nije Feart, Kûkhernster Feart und Stoppelsoal bis zurück ins Burgumer Mar, von dem aus es über den Prinses Margrietkanal nach Groningen zurückgeht.

Die zweite Möglichkeit ist weitaus interessanter. Sie führt Sie durch die Willem Loresluis zunächst weiter auf dem Dokkumer Djip zum reizvollen Lauwersmeer, das Sie nach Südosten verlassen. Fahren Sie nicht außerhalb des betonnten Bereiches. Das Lauwersmeer wurde 1969 eingedeicht, dadurch verbrakte das Wasser und eine neue Flora und Fauna entstanden. Durch die Eindeichung hat sich eine neue, einzigartige Landschaft entwickelt, so dass das Lauwermeer 2003 Nationalparkstatus erhielt.

Nach der Schleuse in Zoutkamp erreichen Sie das Reitdiep. Eine zweite Schleuse, die meist offen steht, erreichen Sie nach 4 km. Nach 9 km auf dem windungsreichen Reitdiep kommen Sie zur Kreuzung mit den Van Starkenborghkanaal (Achtung!) und fahren weiter bis nach Groningen, zurück zum Ausgangspunkt der Reise.

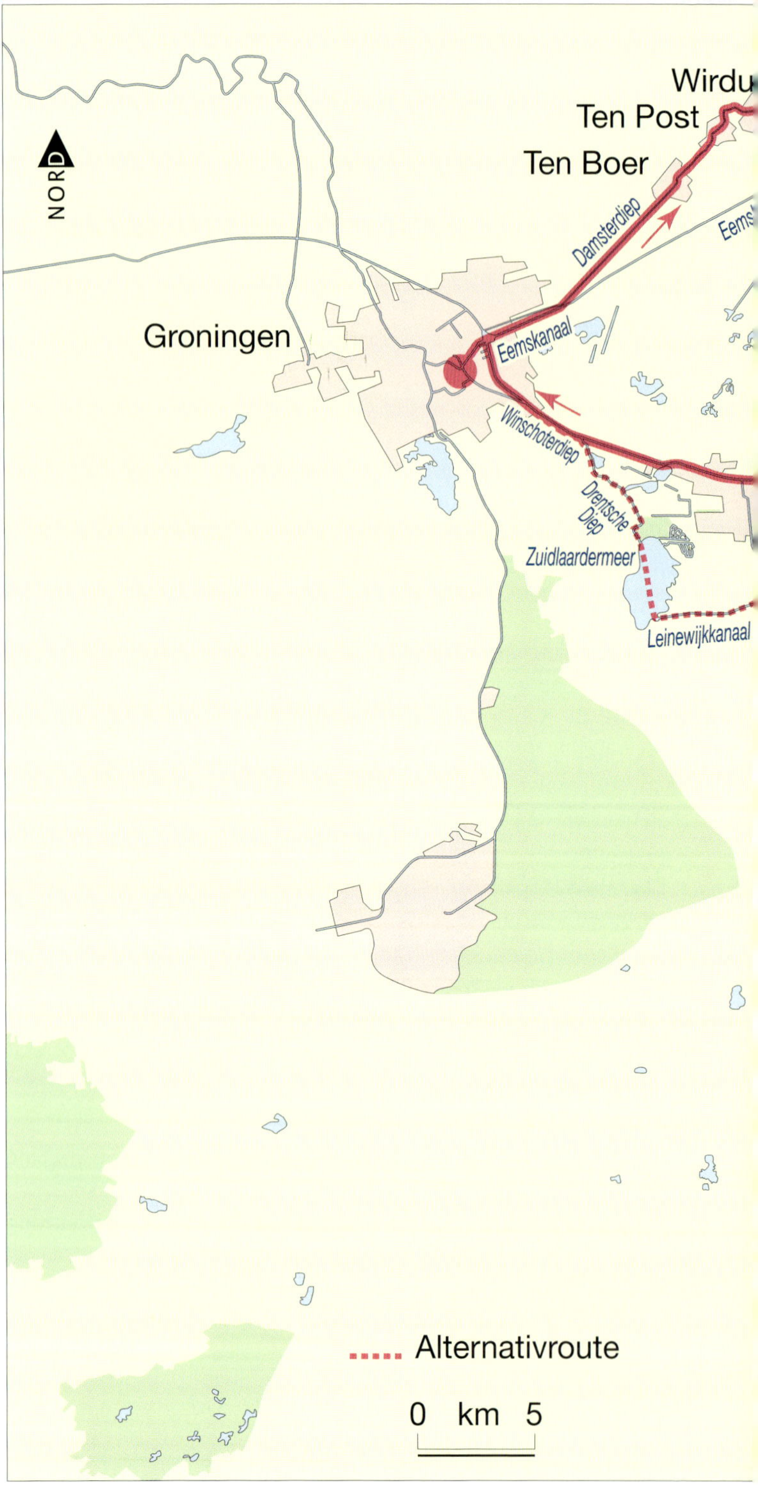
NORD
Wirdu
Ten Post
Ten Boer
Damsterdiep
Eems
Groningen
Eemskanaal
Winschoterdiep
Drentsche Diep
Zuidlaardermeer
Leinewijkkanaal
Alternativroute
0 km 5

Delfzijl
Oosthornhaven
Farsumerhaven
Sluis Lalleweer
Appingedam
Termunterzijldiep
Nieuwolda
rdiep
Blauwestad
Scheemda
Winschoten
Veendam
Oude Pekela
Pekel Aa
Nieuwe
Pekela
Oosterdiep
Pekeler Hoofddiep
lingskanaal
reveld
Boven Pekela
Stadskanaal
Stadskanaal
Musselkanaal
Musselkanaal
Tel Apelkanaal
Ter Apel
Haren (Ems)

2. Route: Zwischen Groningen und Deutschland

Entfernungen	
Groningen–Delfzijl (Emskanaal–Damsterdiep)	25–35 km
Delfzijl–Winschoten	30 km
Winschoten–Stadskanaal (über Pekel Aa)	22 km
Stadskanaal–Haren an der Ems in Deutschland (außerhalb der Route)	31 km
Stadskanaal–Groningen	25 km
Insgesamt	**112 km**

15–17 Schleusen (je nach Route)

Karte: ANWB Waaterkarte A – Groningen / Drenthe

Liegeplatz an einem Seitenarm des Dampsterdiep.

Auf dieser Reise durch das beschauliche Groninger Hinterland, das an Deutschland grenzt, trifft man unterwegs kaum andere Boote. Die Route durch die am dünnsten besiedelte Region der Niederlande ist ideal für alle, die es gerne still und ruhig mögen. Der erste Teil führt über das Dampsterdiep, die alte Verbindungsroute vom Wattenmeer nach Groningen. Als Ende des 19. Jahrhunderts der Eemskanaal angelegt und insbesondere seit dieser in den 1960er-Jahren verbreitet wurde, verlor das Dampsterdiep immer mehr an Bedeutung. Heute ist es für die Berufsschifffahrt verbotenes Terrain. Bei diesem wie auch beim zweiten Teil der Reise braucht man etwas Geduld, um die vielen beweglichen Hindernisse auf dem Wasser zu überwinden: In der Provinz Groningen müssen zahlreiche Brücken und Schleusen eigenhändig bedient werden. Dazu gibt es einen Generalschlüssel, den man in den Groninger Yachthäfen, in den Touristenbüros und bei Cafés

Ein farbenfroher Neubau am Rand des Groninger Hafens.

in Brückennähe gegen ein Pfand von 25 Euro ausleihen kann. An der Abgabestelle gibt es Instruktionen, wie die Brücken bedient werden müssen. Den Schlüssel kann man in der ganzen Provinz für Brücken und Schleusen verwenden.

Diese Route ist nur für Hausboote mit einem Tiefgang von 1,2 m zu bewältigen. Zusätzlich muss berücksichtigt werden, dass der Wasserstand auf dem Termunterzijl bis zu 30 cm schwanken kann. Die maximale Durchfahrtshöhe beträgt 2,4 m. Deshalb ist es unerlässlich, diese Route mit Ihrem Charterbetrieb abzusprechen.

Am besten verlassen Sie Groningen in östlicher Richtung und fahren auf dem Eemskanaal für knapp 4 km bis zur Bronssluis, durch die Sie den Emsskanaal verlassen sollten, wenn Ihnen eine Brückendurchfahrtshöhe von 2,5 m ausreicht. Für die entsprechend kleinen Hausboote führt die Route nach Appingedam über das reizvolle Damsterdiep weiter in Richtung Nordwesten. Größere Boote erreichen Delfzijl über den Eemskanaal. Das Damsterdiep fließt schnurgerade und lautlos durch die grüne Landschaft. Es empfiehlt sich, die Geschwindigkeit anzupassen und langsamer zu fahren. In Ten Boer

Auf dem Eemskanaal müssen sich Hausbootskipper vor den großen Frachtkähnen in Acht nehmen.

muss man zum ersten Mal eine Dorfbrücke öffnen – und sie nach der Durchfahrt natürlich wieder schließen, damit die beiden Ortshälften nicht voneinander abgetrennt werden. In unmittelbarer Nähe zur Brücke gibt es zwei Cafés und einen Supermarkt.

Nach dem nächsten Ort, Ten Post, schlängelt sich das Dampsterdiep parallel zu einer kleinen Straße. Noch sind die großen Schiffe auf dem südlich gelegenen Eemskanaal zu sehen. Doch bald schon verdrängen alte, dicke Eichen und Silberpappeln das Riedgras an den Ufern. Gelegentlich sieht man ein altes Landhaus, und ab und zu stehen ein paar Häuser so nahe am Wasser, dass man befürchtet, das Boot werde ihre Fassaden streifen. Später, in Appingedam, fährt man gar an *hangende keukens* (»hängenden Küchen«) vorbei. Als die ehemaligen Lagerhäuser am Ufer in Wohnungen umgewandelt wurden und es an geeignetem Raum für eine Küche mangelte, wurden diese kurzerhand an der Außenfassade über dem Wasser überhängend befestigt. Auf der Hälfte der kurvenreichen Strecke fahren Sie an der Schiffswerft in Wirdum vorbei. Hier spielt der sehr lesenswerte (und ins Deutsche übersetzte) Roman »Neue Zeiten« des niederländischen Autors Thomas Rosenboom. Das Buch handelt von einem philosophisch angehauchten Werftbesitzer und dessen Schwiegersohn, die wegen eines absurden Schiffbauprojekts aneinandergeraten.

Nach vielen weiteren Biegungen und Krümmungen erreichen Sie Appingedam, wo sich das Dampsterdiep teilt. Man sollte den südlichen Wasserlauf wählen, weil es dort mehrere Anlegeplätze gibt. Bald muss man wieder auf den Eemskanaal fahren. Entweder verlässt man Appingedam im Zentrum durch die Eendrachtsbrug und kurz danach durch die Groevesluis-Noord, oder man folgt dem Damsterdiep weiter bis nach Delfzijl und nimmt dort die Roggenkampsluis zum Oude Eemskanal. Die Yachthäfen liegen hier bzw. noch hinter den nächsten »Kunstwerken«, wie die Niederländer Brücken und Schleusen nennen. Die Route führt weiter über den Eemskanal und Oosterhornkanaal.

Auf dem Oosterhornkanaal geht es küstenparallel weiter bis zu der Sluis Lalleweer, 1 km weiter erreicht man den kleinen Wasserlauf Termunterzijldiep, den Sie nur mit weniger als 1,2 m Tiefgang befahren können. Evtl. wirkt sich erschwerend aus, dass der Wasserstand bis zu +/- 30 cm schwanken kann, zumal die niedrigste feste Brücke ein Höhe von 2,5m hat. Hier heißt es also Erkundigungen vor Ort einholen (Hafenmeister), den Peilstand an den Brücken ablesen und gut nachrechnen – evtl. müssen Sie umdrehen. Nach Backbord erreicht man Termunterzijl, nach Steuerbord führt die Reise weiter bis nach Winschoten. Unterwegs haben Sie noch Gelegenheit, in Nieuwolda festzumachen. Nach ca. 19 km auf dem Termunterzijldiep erreichen Sie Scheemda und nach zwei Schleusen das Winschoterdiep. Fahren Sie in das auch von der Berufsschiffart benutzte Gewässer nach Backbord, die folgende Schleuse steht meist offen; nach ca. 5 km sind Sie in Winschoten. Den Hafen erreichen Sie, indem Sie hinter Winschoten bei der ersten Gelegenheit nach Steuerbord in die Rensel fahren. Am Ende, innenstadtnah, sind die Liegeplätze. Im Jachthaven De Rensel erhalten Sie auch den Schlüssel für die Bedienung der Brücken auf der Pekel Aa.

Winschoten

Die Silhouette von Winschoten bestimmt der 41 m hohe *Olle Witte*, der Turm der reformierten Kirche auf dem Marktplatz. Bildprägend sind auch die drei am Ostrand der Stadt stehenden Mühlen. Letzteren ist zu verdanken, dass Winschoten *Molenstad* genannt wird. Die achteckige Kornmühle Edens (1763) ist die älteste in der Provinz Groningen. Übrigens musste der Untergrund bei allen drei Mühlen 1996 um sechs Meter erhöht werden, weil ein in der Nähe gebau-

Der Untergrund aller Windmühlen in Windschoten wurde erhöht: Neubauten nahmen den Wind aus den Flügeln.

ter Wohnkomplex ihnen den Wind aus den Flügeln genommen hatte.

Nicht entgehen lassen sollte man sich das hübsche Rathaus aus dem 19. Jahrhundert, in dem heute die Stadtverwaltung der Gemeinde Oldambt (zu der auch Winschoten gehört) untergebracht ist.

Der sehenswerte Park im Nordosten der Stadt verfügt über ein Rosarium mit 320 verschiedenen Rosensorten. Es dient als Ausstellungsraum für die Blumengärtner der Gegend rund um Winschoten, die bei der Rosenzüchtung weltweit eine Vorreiterrolle einnehmen.

Nördlich von Winschoten hat die Provinz in den letzten Jahren ein Megaprojekt realisiert: *Blauwestad.* Für diese »Retortenstadt« ließ sie in früherem Niemandsland Seen und Naturgelände anlegen (die noch dort lebenden Bauern wurden mitsamt ihrer Höfe vertrieben)

und dazwischen fünf Wohnquartiere mit 1500 Eigentumswohnungen bauen. Das Ganze sollte neuen Elan in die wirtschaftlich darbende Region bringen. Doch die Rechnung ging nicht auf: Bis jetzt ist nur ein Bruchteil der Wohnungen verkauft. 2009 lebten sogar mehr Bisamratten als Menschen in *Blauwestad*, wo durch das veränderte Ökosystem zudem eine Mückenplage besteht. Nun versuchen die Behörden krampfhaft, eine »neue Vision« für das Pleitegelände zu entwickeln.

Zum Einkaufen gibt es in der Innenstadt von Winschoten viele Möglichkeiten. Die meisten Geschäfte finden sich an der Langestraat, und beim Israëlplein wartet mit 770 m eine der längsten Ladenpromenaden des Landes auf Kundschaft. Samstags wird auf der Venne ein Wochenmarkt abgehalten.

Diese Groninger Sägemühle steht unter Denkmalschutz.

Winschoten verlassen Sie auf der Rensel. Nach der Brücke geht es nach Steuerbord in die Pekel Aa. Auf diesem ruhigen Flüsschen gilt die Höchstgeschwindigkeit von 6 km/h. Achtung, die Pekel Aa hat einen geringe Wassertiefe, mehr als 1,2 m Tiefgang sollte man hier nicht haben. Die Brücken dürfen Sie selbst bedienen, den notwendigen Schlüssel erhalten Sie im Jachthaven De Rensel, in Winschoten und im Jachhaven Oude Pekela.

Dieses Hinterland von Groningen ist eine schwach besiedelte Region mit breiten Feldern. Zwischen den langen Baumreihen an beiden Ufern ist immer wieder ein Gutshof zu sehen. Früher lebten hier sehr

Kanal im Zentrum des Örtchens Oude Pekela, das einst Standort für Torfgewinnung war.

wohlhabende Bauern und zeigten dies gerne mit einem stattlichen Hof plus Vorhaus. Traditionell wurden Scheune, Stall und Wohnung unter dem gleichen Dach gebaut. Bis heute sieht man rote und schwarze Ziegel auf den Dächern, welche die Übergänge zwischen den verschiedenen Hofbereichen markierten. Die ursprünglich eher kleinen Bauernhöfe in der Region Oldambt wurden im 17. Jahrhundert immer größer. Später ging man dazu über, ein langes und schmales Vorhaus anzubauen. Mit zunehmendem Reichtum statteten die Bauern diese Anbauten immer vornehmer aus. Nur einige wenige dieser herrschaftlichen Bauernhäuser haben heute noch eine agrarische Funktion. Die meisten der noch erhaltenen Höfe sind von reichen Städtern übernommen worden. Hier können sie ohne Hektik das großzügige Wohnen und die Ruhe genießen.

Die Fahrt muss immer wieder unterbrochen werden, um eigenhändig eine der unzähligen Brücken zu öffnen und zu schließen, insbesondere nach Oude Pekela, dem ersten Ort nach Winschoten.

Nicht alle, aber die meisten der 41 Brücken sind beweglich und haben eine geringe Durchfahrtshöhe. Die vier Schleusen dürfen Sie ebenfalls selbst bedienen – Instruktionen finden Sie am Anleger.

Die drei aneinandergrenzenden Dörfer Oude Pekela, Nieuwe Pekela und Boven Pekela waren früher wichtige Standorte der Torfgewinnung. Im 19. Jahrhundert kam dann der Kartoffelanbau auf, später folgte die Herstellung von Strohpappe. Als ab den 1960er-Jahren immer mehr Maschinen diese Arbeit übernahmen und die Leute ihren

Nordostidylle am Pekeler Hoofddiep bei Nieuw Pekela.

Am Wasser, das Stadskanaal seinen Namen gab, liegen immer wieder Berufskähne vertäut. Für Hausbootskipper finden sich im Zentrum dieses längsten Orts der Niederlande genügend Anlegemöglichkeiten.

Die reformierte Kirche von Oude Pekela stammt aus dem 17. Jahrhundert.

Job verloren, kam es zu heftigen Streikaktionen, bei denen die in Ostgroningen damals stark vertretene CPN, die ehemalige Partei der niederländischen Kommunisten, eine wichtige Rolle spielte.

Nach Oude Pekela ändert sich der Name des Flüsschens in Pekeler Hoofddiep. Endet die Pekeler Hoofdiep, biegen Sie in den Stadskanaal nach Backbord ein und fahren bis zum Ort Stadskanaal; es folgen zwei Schleusen und wieder unzählige, diesmal aber bediente Brücken (Mo-Sa. 9:30 – 16:00) An Sonntagen und am 2. September, wenn in Pekela Jahrmarkt gefeiert wird, sind die Anlagen geschlossen. Wenn Sie in Oude Pekela erst nach 13:30 ablegen, ist es nicht mehr möglich, am gleichen Tag noch Stadskanaal zu erreichen. Aber am Pekeler Hoofddiep gibt es mehrere Anlegemöglichkeiten.

Stadskanaal

Mit seinen 16 km gilt Stadskanaal als längster Ort der Niederlande. Seinen Namen hat er dem im 19. Jahrhundert hier gegrabenen gleichnamigen Kanal zu verdanken. Auch Stadskanaal hat eine Torf- und Kartoffelvergangenheit, und an beiden Seiten der Wasserstraße gab es früher Schiffswerften. Nach dem Zweiten Weltkrieg, als viele Menschen zuwanderten, um in der neuen Philips-Fabrik zu arbeiten, stieg die Einwohnerzahl. Der niederländische Elektromulti hatte den Bau seiner Fabrik von verschiedenen Bedingungen abhängig gemacht: Die Stadt musste sich unter anderem verpflichten, im Gegenzug ein Theater und eine Bibliothek zu bauen. 2006 hat Philips den Standort Stadskanaal geschlossen.

1881 bekam die Stadt ihre erste öffentliche Verkehrsverbindung: eine Pferdestraßenbahn, die via Zuidbroek nach Groningen führte. Heute ist Stadskanaal nur per Bus zu erreichen. Ans Netz der nationalen Eisenbahn, der *Nederlandse Spoorwegen*, ist der Ort nicht angeschlossen. Gleichwohl betreiben ein paar Zugliebhaber eine nostalgische Dampfzuglinie, die auf der Grenze zwischen den Provinzen Groningen und Drenthe fährt. Mit einer Länge von 26 km ist sie die längste Museumsbahn des Landes.

An der Hoofdstraat am Ostufer des Kanals gibt es mehrere Geschäfte. Am Donnerstag und Samstag wird auf der Europalaan und der Novalaan ein Markt abgehalten. Unweit davon ist außerdem ein Supermarkt.

Unsere Route führt vom Ort Stadskanaal über den Stadskanaal zurück nach Nordwesten bis Bareveld. Hier können Sie durch Veendam auf dem Oosterdiep und dem A.G. Wildervanckkanaal mit 11 km/h

Auf dem Weg von Stadskanaal ins Zuidlaardermeer, das Badegäste und Windsurfer anzieht.

unzähligen bedienten Brücken (viermal täglich pro Richtung zwischen 8:00 und 18:00) das Winschoterdiep erreichen.

Wenn Sie höchstens 1,2 m Tiefgang haben, können Sie weiter nach Nordwesten fahren auf den Grevelingskanaal; hier schleusen Sie und fahren weiter auf dem Kielsterdiep. Vor der nächsten Schleuse biegen Sie nach Backbord in den Leinewijk ein und erreichen das Zuidlaardermeer; insgesamt ca. 15 km.

Zuidlaren und Zuidlaardermeer

Das wichtigste und größte Naherholungsgebiet der Stadt Groningen ist das *Zuidlaardermeer*. Es gibt an diesem See viele Strände, die Badegäste und Windsurfer gleichermaßen anziehen. Außerdem ist es ein Paradies für Zugvögel. Ornithologen können im gut 120 Hektar großen Riedgürtel an den Ufern und auf den benachbarten Feldern viele seltene Vögel erspähen, etwa Blaubrüstchen, Eisvögel und ab und zu gar einen Heuschreckensänger. Um den See herum gibt es die beliebte kulinarische Fahrradroute *happen en trappen*. Bei dieser Tour werden in fünf verschiedenen Lokalen fünf verschiedene Gänge serviert. Wer nicht in einem der sieben Yachthäfen übernachten möchte, findet in den Ausläufern des Zuidlaardermeers mehrere Anlegestellen.

Der Hauptort, Zuidlaren, liegt in der Provinz Drenthe und ist ein lauschiges Städtchen mit sieben sogenanten *brinken*. Früher dienten diese mit Gras bewachsenen und von mächtigen alten Eichen umgebenen Plätze als Versammlungsort für die Dorfbewohner. Bis heute haben diese Anger eine wichtige Funktion als Knotenpunkte für

Das größte Naherholungsgebiet der Stadt Groningen ist der große See bei Zuidlaaren.

Buslinien, als Standplatz für Märkte oder als Treffpunkt für die Bevölkerung. Der berühmte Zuidlaardermarkt, der größte Pferdemarkt in Europa, wird jeweils am dritten Dienstag im Oktober auf diesen *brinken* abgehalten. Sehenswert ist außerdem die restaurierte Museumsmühle *De Wachter* aus dem 19. Jahrhundert, in der vorgeführt wird, wie früher Korn gemahlen und Öl gepresst wurde.

»Pieterpad«

Durch das Dorf führt der *Pieterpad*, der längste Wanderweg der Niederlande. Er beginnt an der Groninger Wattenmeerküste und führt auf 492 km in 26 Etappen durch den Osten des Landes bis zum *Sint Pietersberg* in Maastricht. Dort schließt er an eine europäische Wanderroute an, die über die belgischen Ardennen und die französischen Alpen bis nach Nizza geht.

Die Möglichkeiten zum Shopping sind in Zuidlaren etwas spärlich, aber es gibt ein paar Supermärkte und einen Gemüsehändler (Oude Zeegserweg 7).

Verlassen Sie das Zuidlaardermeer nach Norden über die Drentsche Diep, die nach 6 km auf das Winschoterdiep kurz vor Groningen führt. Auf dem Winschoterdiep sollten Sie bei der Duinkerkenbrug weiter Steuerbord halten und auf der Wasserstraße bleiben, bis Sie den Eemskanaal erreichen. Drehen Sie erst dort in Richtung Westen ab, um zurück ins Stadtzentrum von Groningen zu gelangen.

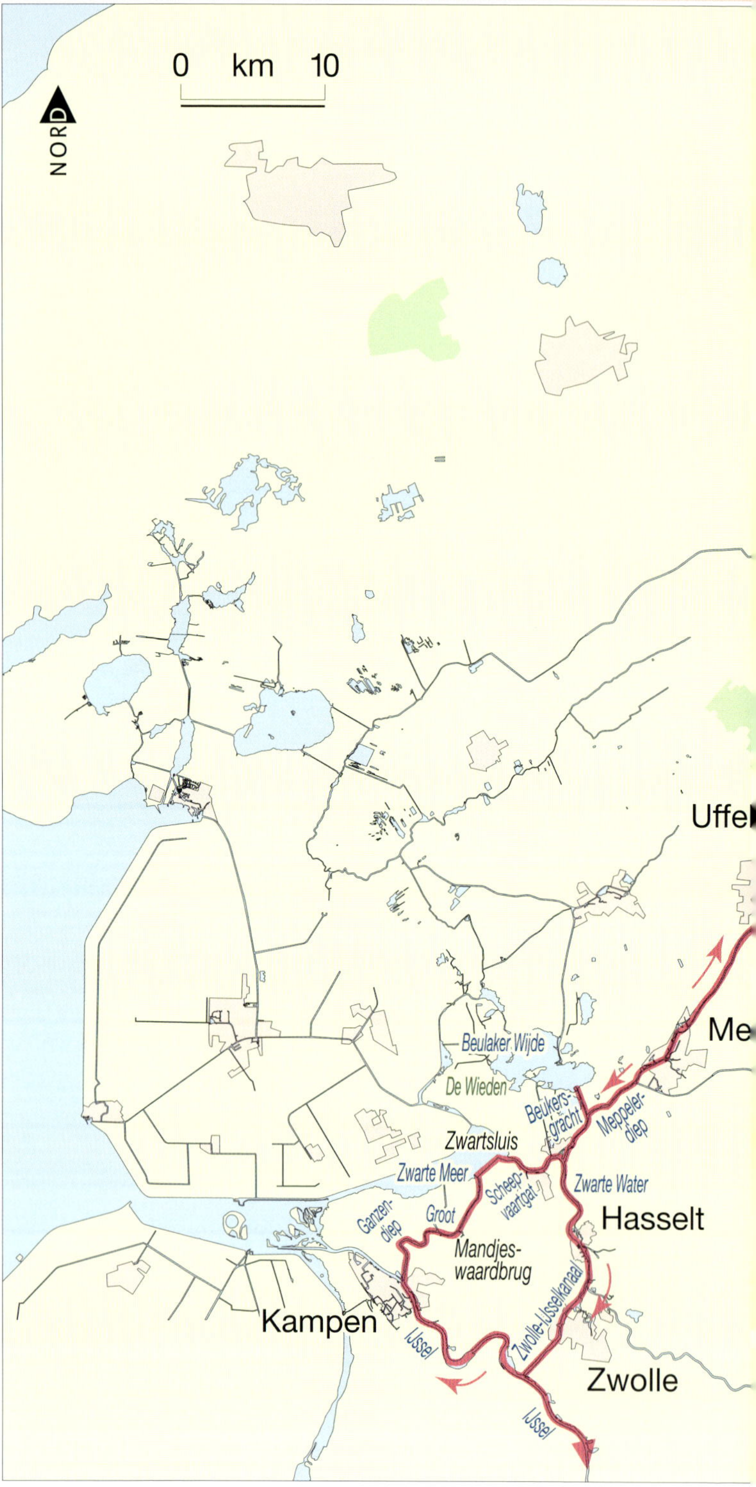
0 km 10
NORD
Uffel
Me
Beulaker Wijde
De Wieden
Beukersgracht
Meppelerdiep
Zwartsluis
Zwarte Meer
Scheepvaartgat
Zwarte Water
Ganzendiep
Groot
Hasselt
Mandjeswaardbrug
Kampen
IJssel
Zwolle-IJsselkanaal
Zwolle
IJssel

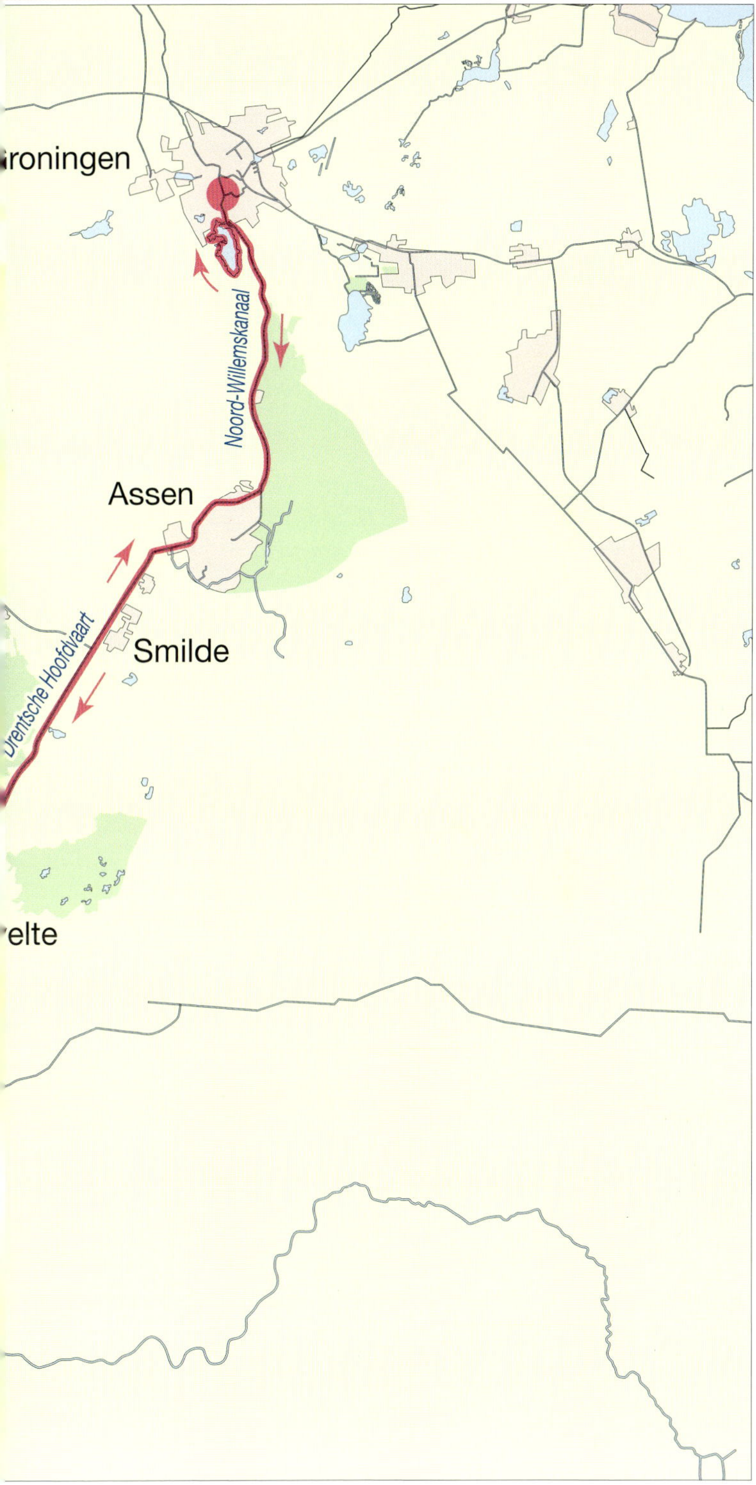
roningen
Noord-Willemskanaal
Assen
Drentsche Hoofdvaart
Smilde
elte

Naherholungsgebiet für Großstädter aus Groningen: das Paterswoldsemeer.

3. Route: Im Kielwasser der Koggen

Entfernungen	
Groningen–Meppel	72 km
Meppel–Zwolle	25 km
Zwolle–Kampen	18 km
Kampen–Assen	68 km
Assen–Groningen	29 km
Insgesamt	**212 km**

20 Schleusen

Karte: ANWB Waaterkarte A – Groningen / Drenthe, C – Noord West Overijssel

Viele größere und kleinere Städte in den Niederlanden schlossen sich zwischen dem 14. und 16. Jahrhundert der Deutschen Hanse an. Wer zu diesem Handelsverbund gehörte, konnte seine Ware privilegiert transportieren. Zudem bot dieser mittelalterliche Zusammenschluss den Kaufleuten Schutz vor den Launen feudaler Herrscher. Sie luden ihre Koggen voll mit Salz, Fisch, Getreide, Holz, Bier, Wein, Tuch oder Pelz und gelangten damit mehr oder weniger unbehelligt von einem Land ins andere. Zuvor unbedeutende Orte wuchsen mit dem zunehmenden Handelsstrom zu mächtigen Städten. Der Wohlstand wirkte sich auch auf andere Bereiche aus. Maler, Dichter, Architekten und Philosophen zogen in die Hansestädte und sorgten dafür, dass diese auch auf künstlerischem Gebiet prosperierten. Noch heute findet man in den alten Hansestädten der Provinz Overijssel vieles, was an die ruhmreiche Geschichte der Hanse erinnert.

Diese »Hanseroute« beginnt in Groningen auf dem Noord-Willemskanaal in südlicher Richtung. Nachdem Sie die letzten Häuser der Stadt hinter sich gelassen haben, beginnt auf der Steuerbordseite ein wasserreiches Gebiet: das Hoornse Meer im Norden und das Paterswoldse Meer im Süden. Wer diese beiden ineinanderfließenden Seen befahren möchte, muss an deren Ostseite die Nijveensterkolk-Schleuse passieren (Mo–Sa 8–12, 13–18, So 9–12, 13–17 Uhr) und darf keinesfalls mehr als 1,2 m Tiefgang haben. Bei der Weiterfahrt auf dem Noord-Willemskanaal hat man eine wunderbare Weitsicht über die baumreiche Landschaft. Solange Sie durch die Provinz Groningen fahren, gilt eine Höchstgeschwindigkeit von 6 km/h. Die Grenze zur

Nachbarprovinz Drenthe beginnt im Süden des Paterswoldse Meer. Bis nach Assen müssen Sie dreimal schleusen (Mo–Sa 8–12, 13–18, So 9–12, 13–17 Uhr). Wer es ruhig angehen möchte, hat auf der gesamten Länge des Noord-Willemskanaal immer wieder die Möglichkeit, anzulegen und über Nacht dort zu bleiben.

Nach Assen geht die Reise auf der Drentsche Hoofdvaart weiter Richtung Süden. Auch hier darf die Höchstgeschwindigkeit von 6 km/h nicht überschritten werden. Man kommt unterwegs an mehreren Cafés und Restaurants vorbei, wo man Halt machen kann. Bei der Polakkenbrug im kleinen Ort Smilde brauchen Sie zum Essen nicht

Das Meppelerdiep ist die ideale Verbindung auf der Nord-Südwest-Route.

einmal das Hausboot zu verlassen. Die *fritterie* am Wasser reicht den Kunden die bestellte Mahlzeit durch ein Fenster direkt ins Steuerhaus hinein. Bis nach Meppel gibt es auf dieser Wasserstraße sechs Schleusen. Im Gegensatz zur Provinz Groningen werden Schleusen und Brücken hier aber bedient (Mo–Sa 8–12, 13–17, So Juli/August 9–12, 13–17 Uhr, ab September am So geschlossen).

Auf der Wasserstraße, die südlich der Stadt Meppel beginnt, gibt es viele Anlegemöglichkeiten.

Meppel

Die Blütezeit der alten Handelsstadt Meppel begann im 16. Jahrhundert, als in den Moorgebieten im Norden und Nordosten zunehmend Torf abgegraben wurde. Die Wasserstraßen aus diesen Regionen führten über Meppel zur alten Zuiderzee. Ab dem 17. Jahrhundert kamen immer mehr Kaufleute in die Stadt und sorgten für Reichtum. Ein paar hübsche Treppengiebel in der Kruisstraat erinnern an diese Zeit. Und wie in Amsterdam gibt es auch in Meppel eine Herengracht, eine Keizersgracht sowie eine Prinsengracht. Ihr Geld verdient die Stadt bis heute mit dem Handel, nun aber mit Landwirtschaftsprodukten, die den Torf ersetzt haben, sowie mit Schiffen, die in den hier ansässigen Werften gebaut werden.

Eines der ältesten Gebäude der Stadt ist die Mariakerk aus dem 15. Jahrhundert. Im Innern befinden sich ein interessanter Betstuhl aus Eichenholz mit geschnitzten und gedrechselten Elementen sowie eine sehenswerte Orgel. Der markante, 45 m hohe Kirchturm ist von Weitem zu sehen. 1827 ersetzte man die alte pyramidenförmige Spitze durch eine kleine Rundkuppel. Übrigens werden die Einwohner im Volksmund *Meppeler muggen* genannt. Der Spitzname geht auf eine Anekdote zurück: Eines Nachts dachte man, der Kirchturm stehe in Brand, weil Rauch daraus quoll. Doch als sich die Menschen dem Turm näherten, sahen sie, dass es sich bloß um einen Mückenschwarm handelte. Dank dieser alten Mär steht nun ein kleines Mückenkunstwerk vor der Kirche.

In diesen historischen Kalköfen in Meppel werden heute schmackhafte Steaks gegrillt.

Ein anderes auffälliges Bauwerk ist der weiße, fast 40 m hohe Wasserturm von 1883, der heute ein Informationszentrum für Neubauprojekte ist und zudem als Café Dienst tut. Eine weitere Alt-Neu-Transformation sind die drei Kalköfen am Steenwijkerstraatweg. Mit Torf aus der Umgebung wurden in dieser Fabrik im 19. Jahrhundert Muscheln von den Wattenmeer- und Zuiderzeestränden auf tausend Grad erhitzt und anschließend mit Wasser besprüht. So entstand Kalkmörtel, der als Werkstoff für den Bau diente, bis der Zement aufkam. In den drei Öfen befindet sich heute ein Grillrestaurant.

An der Mündung des Flüsschens Reest, das durch den Süden des Zentrums mäandert, steht eine alte, achteckige Mühle, die heute eine Ausbildungsstätte für angehende Müller ist und besichtigt werden kann. Eine andere historische Mühle steht an der Sluisgracht.

Wer durch die Innenstadt spaziert, dem fallen immer wieder die in die Bepflasterung eingelassenen kleinen Gedenktafeln aus Messing auf. Es sind »Stolpersteine«, die an die in der NS-Zeit ermordeten Juden erinnern. Die Initiative des deutschen Künstlers Gunter Deming ist auch in Meppel aufgegriffen worden.

Die besten Einkaufsmöglichkeiten bietet die Hoofdstaat, in der es auch Bäckereien und Metzgereien gibt. Am Samstag wird auf dem Kerksplein ein Wochenmarkt abgehalten.

Fernbedienung

In der Provinz Groningen werden viele Brücken und Schleusen von einer zentralen Leitstelle fernbedient. Wenn keine Kameras installiert sind, können Sie einen Knopf drücken, um dem Schleusenwärter zu signalisieren, dass Sie passieren möchten. Für Deutsche einigermaßen verständliche Infos finden Sie unter der Rubrik *praktische vaarinformatie* auf www.varen.groningen.nl

Die Reise geht in südwestlicher Richtung auf dem Meppelerdiep weiter. Da diese Wasserstraße ein nicht unwichtiger Bestandteil der Nord-Südwest-Route ist, trifft man hier auf viele Berufsschiffer. Bald schon taucht auf der Steuerbordseite das Naturschutzgebiet *De Wieden* auf. Wer es sich ansehen möchte, muss in die Beukersgracht (Schleuse!) einbiegen. Auf dem Meppelerdiep gibt es auf diesem Abschnitt keine Anlegemöglichkeiten. Kurz vor Zwartsluis im Jachthaven De Kranerweerd gibt es nochmal Treibstoff, bevor die Meppelerdiepkeersluis (meist geöffnet) an der Reihe ist. Danach setzt man die Tour auf der sich schlängelnden Zwarte Water fort. Die Tankstelle bei Hasseltsluis ist die letzte vor Zwolle, wohin Sie nach ein paar weiteren Kurven und rund 16 km Fahrt gelangen. Die Brücken auf diesem Gewässer und in Zwolle sind ferngesteuert (Mo–Sa 6–7.30, 9–16, 18–22, So 10–18 Uhr).

Zwolle

Im 17. Jahrhundert, als die damalige Kolonialmacht Niederlande eine Art »Global Player« des Welthandels war, wuchs die Hansestadt Zwolle zu einer mächtigen Handelsmetropole. Sie wetteiferte dabei mit der Nachbarstadt Kampen, die den Vorteil hatte, direkt an der Zuiderzee zu liegen. Dafür lag Zwolle jedoch günstig auf der Landroute nach Deutschland. Eines der übrig geblieben Wahrzeichen, das Stadttor *Sassenpoort* (»Sachsentor«), ist ein Hinweis auf die damaligen deutschen Händler und Kaufleute. Heute ist Zwolle als Hauptstadt der Provinz Overijssel zweifellos bedeutender als die ehemalige Rivalin Kampen.

Bei einem Spaziergang durch die recht museal anmutende Innenstadt wird man auf Schritt und Tritt an die Blütezeit im »Goldenen Jahrhundert« erinnert. An der sternförmigen Stadtgracht sowie an den Straßen und Gässchen dahinter gibt es viele monumentale

Das wuchtige Sachsentor (Sassenpoort) ist ein Überbleibsel aus der Zeit, als Zwolle eine mächtige Handelsmetropole war.

Monumentale Grachtenhäuser in der museal anmutenden Innenstadt von Zwolle.

Kaufmanns- und Patrizierhäuser mit historischen Giebeln. Den Mittelpunkt des städtischen Lebens bildet seit jeher der Marktplatz mit der Sint-Michaëlskerk (oder Grote Kerk). Die dreischiffige Hallenkirche im Stil der niederrheinischen Gotik hat eine reich verzierte Kanzel und eine barocke Schnitger-Orgel. Gegenwärtig wird das protestantische Gotteshaus vorrangig für kulturelle Zwecke benutzt. Im Schatten der Sint-Michaëlskerk, wo man heute in Straßencafés sitzen kann, fanden früher Hinrichtungen statt. Ein schmales Sträßchen mit dem seltsamen Namen *Korte Ademhalingssteeg* (Kurze Schnaufergasse) erinnert an jene Zeit. Die zum Tode verurteilten Verbrecher konnten auf dem Weg zum Schafott hier noch einmal Atem schöpfen.

Vom *Grote Markt* gelangt man direkt auf den *Ossenmarkt*, wo die Liebfrauenbasilika (*Basiliek van Onze-Lieve-Vrouw-ten-Hemelopneming*) steht. Ihr spätgotischer Turm überragt mit seinen 75 m die ganze Stadt und heißt im Volksmund *peperbus*, weil er wie ein Pfefferstreuer aussieht. Ursprünglich war der Turm oben stumpf. Doch nachdem ein Brand 1669 den Turm der Sint-Michaëlskerk zerstört hatte, setzte man kurzerhand den »Pfefferstreuer« als Kappe oben auf die Basilika. Nach einer Feuersbrunst im 19. Jahrhundert bekam der *peperbus* das heutige grüne Kuppeldach.

Im *Stedelijk Museum Zwolle* zeigt ein wunderbares Gemälde, *Gezicht op Zwolle,* die ummauerte Hansestadt mit den Türmen der Sint-Michaëlskerk und der Basilika. Ein unbekannter Künstler hat

Permanent bewohnte Hausboote auf der sternförmigen Stadtgracht von Zwolle.

dieses Bild anfangs des 17. Jahrhunderts gemalt. Das Museum, dessen Sammlung über mehrere historische Gebäude und moderne Bauten verteilt ist, gilt als gelungenes Beispiel für den nahtlosen Übergang zwischen Alt und Neu.

Auf dem *Melkmarkt* ziert ein auffallend hübscher Giebelstein eines der dortigen Patrizierhäuser. Die letzte Eigentümerin hatte 1742 testamentarisch bestimmt, dass in Zukunft nur ledige alte Frauen in den um einen Innenhof gruppierten Wohnungen dieses Stadtpalais wohnen dürfen. Miete brauchten die Bewohnerinnen keine zu entrichten, und für ihren Unterhalt bekamen sie eine Zulage. Bis 1984 wohnten hier tatsächlich nur Frauen, die ihre Zimmer nach dem jeweiligen Zeitgeschmack einrichteten, sodass sich in den Wohneinheiten und den geräumigen Gemächern im Haupthaus die unterschiedlichen Stile dreier Jahrhunderte erhalten haben. Heute ist das Haus ein (eingeschränkt zugängliches) Museum.

»Sinterklaas«

Dem heiligen Nikolaus ist ein weiteres Museum gewidmet. Denn dieser spielt in den Niederlanden eine ganz besondere Rolle. Der *Sinterklaas* kommt mit seinem Pferd Amerigo und mehreren *zwarte pieten,* dunkelhäutigen Knechten, auf einem Schiff aus Spanien. Seine Ankunft Mitte November wird vom öffentlich-rechtlichen Fernsehen jeweils live ausgestrahlt. Ab diesem Tag stellen die Kinder abends einen

Lakritze

Niederländer lieben *drop*. Die meisten haben ständig ein Tütchen mit diesen aus Süßholzextrakt hergestellten Naschereien bei sich. Jedes Jahr werden im Land hinter den Deichen mehr als 30 Mio. kg *drop* verzehrt. Es gibt die unterschiedlichsten Formen, Farben und Geschmacksrichtungen: schwarze Schnecken mit Lakritzgeschmack, braune Salmiak-Würfelchen oder pinkfarbene Kätzchen, die nach Honig schmecken. Inzwischen hat sogar die niederländische Gastronomie die Nationalschleckerei entdeckt: Der Wodka an der Bar oder die Eiscreme zum Dessert werden zuweilen mit *drop*-Aroma angereichert. Die beliebte Süßigkeit galt früher als ideales Mittel gegen Erkältung und Halsschmerzen. Heute wird darüber anders gedacht.

Schuh in der Nähe des offenen Kamins auf. Oft stecken sie eine Zeichnung für den Nikolaus dazu oder eine Möhre für Amerigo. Am nächsten Morgen finden sie etwas Süßes im Schuh. So geht das bis zum 5. Dezember, dem *pakjesavond*. Dann erhalten die Kinder größere Geschenke, die mit einem selbst gemachten Gedicht überreicht werden. Nach diesem Tag entschwindet *Sinterklaas* wieder für ein Jahr nach Spanien.

Liebhaber alter Motorräder kommen im *Harley-Davidson & Indian-Museum* auf ihre Kosten. In dem kleinen Haus stehen rund hundert Feuerstühle dieser Kultmarke. Das älteste Modell wurde 1911 fabriziert. Interessierte Besucher können sich angesichts dieser erlesenen Motorradsammlung hier stundenlang vergnügen.

In der Innenstadt von Zwolle gibt es zahlreiche Speiselokale, und an sonnigen Tagen sitzt man gerne auf den Caféterrassen am Wasser. Ein kulinarisches Highlight, das landesweit Bekanntheit genießt, ist das sehr edle Restaurant De Librije in der ehemaligen Bibliothek eines Klosters, das mit mehreren Sternen ausgezeichnet ist.

Einkaufen kann man auf dem *Grote Markt* und in den umliegenden Straßen. Außerdem wird hier am Freitag ein Wochenmarkt mit Fisch, Fleisch, Gemüse und Früchten abgehalten. Am gleichen Tag werden auf dem Melkmarkt biologische Produkte angeboten.

Verlassen Sie Zwolle in südwestlicher Richtung auf dem Zwolle-IJsselkanaal und biegen an dessen Ende nach Steuerbord in die IJssel ein, die sich in der Nähe von Arnhem vom Rhein abspaltet und bei Kampen in das IJsselmeer mündet. Da es sich um einen wichtigen

Verbindungsweg für die Berufsschifffahrt handelt, ist diese Wasserstraße stark befahren und entsprechend markiert. Dafür sind viele Ufer des Flusses mit Weidenbüschen, Sumpfgras und Binsen bewachsen, deren Stängel sich malerisch im Wind wiegen. Vom Wasser aus hat man einen wunderbaren Panoramablick auf die grünen Felder.

In Kampen (Ortsbeschreibung siehe 1. Route Kapitel »Westfriesland & Flevopolder«) biegt man nach Steuerbord in das Ganzendiep ein. Nach knapp 100 m folgt die Ganzensluis (Bedienung: täglich 9–12, 13–19 Uhr). Danach schlängelt sich der Fluss in Richtung Zwarte Meer. Er ist nicht tief, man sollte sich daher an die Markierungen halten. Unterwegs können Sie an mehreren Anlegestellen die Fahrt unterbrechen.

Bei der nächsten Kreuzung nach ca. 6 km auf dem Ganzendiep biegt man nach Steuerbord ab und erreicht auf der Goot die Mandjeswaardbrug (gleiche Bedienungszeiten wie die Ganzensluis). Danach gibt es nur noch eine Anlegemöglichkeit bis zum großen Gewässer Zwarte Meer. Kurz vor der Mündung biegen Sie ostwärts ins Scheepvaartgat ein. Dieses (teilweise ziemlich untiefe) Fahrwasser bringt einen zum östlichen Ausläufer des Zwarte Water. Auf diesem geht die Fahrt weiter bis nach Zwartsluis. Dort biegen Sie nördlich auf das Meppelerdiep ein und treten die Rückreise Richtung Meppel an. Von dort geht es auf der Drentsche Hoofdvaart mit den (oben erwähnten) Schleusen bis nach Assen.

Assen

Der Ursprung von Assen, der Hauptstadt der Provinz Drenthe, geht auf ein Nonnenkloster zurück, das im 13. Jahrhundert hierher verlegt wurde. Heute erinnern noch die Kloosterstraat, ein ehemaliger Kreuzgang im *Drents Archief* sowie die Nonne im Stadtwappen an diese Abtei. Sie stand dort, wo sich nun das *Drents Museum* befindet. Anhand vieler Fundstücke wird hier die Geschichte der Provinz erzählt. Einer der Höhepunkte ist das älteste »Boot« der Welt, das 3 m lange und 44 cm breite *kano van Pesse*. Dieser Einbaum soll zwischen 9200 und 7600 vor Christus mithilfe von Feuersteinen aus einem Kieferstamm hergestellt worden sein. Die zweite große Attraktion ist die Moorleiche des *Meisje van Yde*, 1897 im gleichnamigen Dorf gefunden. Wissenschaftlern zufolge soll das »Mädchen von Yde« zwischen 54 vor und 128 nach Christus gestorben sein. Übrigens hat auch der Maler Vincent van Gogh ein paar Monate seines Lebens in der Moorlandschaft dieser Provinz verbracht: »Drenthe ist so wunderschön und zieht mich so magisch an, dass ich viel Befriedigung habe«, schrieb er seinem Bruder Theo begeistert. Für den damals 30-Jährigen war dies

Auf dem Weg ins Zentrum vom Assen fährt man an alten Kaufmannshäusern vorbei.

eine wichtige Periode, denn hier beschloss er, Maler zu werden. Im Museum hängt ein Van Gogh aus jener Zeit.

Das wohl schönste Haus der Stadt (Oostersingel 27) ist ein altes Landgut aus der Zeit, als König Louis Napoleon Bonaparte Assen die Stadtrechte verlieh und sich hier immer mehr gut situierte Leute niederließen. Andere historische Gebäude findet man an der Vaart sowie am Marktplatz.

Im Ausland ist Assen aber in erster Linie wegen des TT-Circuit bekannt. Auf dieser Motorradrennstrecke werden jeweils am letzten Samstag im Juni Rennen gefahren. Der TT-Assen gehört zu den größten Sportevents des Landes.

Hünengräber

In der Umgebung von Assen gibt es mehrere prähistorische Gräber, sogenannte *hunebedden*. Es handelt sich um riesige Gesteinsbrocken, zwischen denen die Urbevölkerung ihre Toten beisetzte. In der Provinz Drenthe gibt es insgesamt 52 solcher Stätten.

In Assen besteht fast das ganze Zentrum aus Geschäften. Wenn Sie dort nicht fündig werden sollten, gibt's weitere Einkaufsmöglichkeiten in der Shoppingmall beim Koopmansplein. Mittwochs und samstags bieten Marktleute ihre Waren an verschiedenen Stellen der Stadt an: Noordersingel, Nieuwenhuizen, Brinkstraat und Brink, dem Herzen der Stadt.

Hausbootskipper werden schon von Weitem vom Leuchtturm am Paterswolde-meer begrüßt.

Zur Rückfahrt verlassen Sie Assen in nördlicher Richtung auf dem Noord-Willemskanaal, der wieder nach Groningen führt. Unterwegs muss man abermals die drei (oben erwähnten) Schleusen passieren. Danach hat man freie Fahrt bis in die Groninger Innenstadt.

Westfriesland und Flevopolder

Hier finden Hausbootfahrer viele Facetten der Niederlande: die faszinierende Metropole mit den weltberühmten Grachten, alte Poldergebiete und Landgewinnungsprojekte neueren Datums. Hektik und Muße, Geschäftigkeit und Einsamkeit liegen in diesem Gebiet nah beieinander.

NORD
Markermeer
Houtribsluizen
Noordersluis
Lange Dwaarsvaart
Oostvaarders Plassen
Almere-Buiten
Lange Vaart
Hoge Vaart
Almere-Haven
Langewetering
Sluis
Gooimeer
Hollandse Brug
Naarden
Stichtse Brug
Eemmeer
Huizen
Nijkerkernauw
Zeew
Spakenburg

Ketelmeer
Ketelhaven
Ketelsluis
Keteldiep
IJssel
Kampersluis
Vossemeer
Roggebot
Roggebotsluis
Kampen
Schwifterbant
Dronten
Hoge Vaart
Binnenroute
Außenroute
Drontermeer
Elburg
Biddinghuizen
Hoge Dwarsvaart
Veluwemeer
De Blauwe Dromer
Wolderwijd
Harderwijk
0 km 5

Blick vom Hausboot aus auf die Silhouette von Kampen mit der wuchtigen Buitenkerk.

1. Route: Alte Hansestandorte und moderne Polderstädte

Entfernungen	
Kampen–Harderwijk (Aussenroute / Binnenroute)	48 / 43 km
Harderwijk–Spakenburg	21,5 km
Spakenburg–Almere-Haven	16 km
Almere-Haven–Lelystad	40 km
Lelystad–Kampen	32 km
Insgesamt	**158 / 153 km**

7–8 Schleusen (je nach Route)

Karte: ANWB Waaterkarte E – Randmeren Flevoland (Kampen ist auf Blatt C – Noord West Overijssel)

Auf dieser Route werden die vielen Kontraste in den Niederlanden hervorragend illustriert. Da nicht zuletzt durch den weltweiten Handel ausreichend finanzielle Mittel vorhanden waren, konnte man es sich in diesem wasserreichen, aber mit Nutzflächen sehr spärlich gesegneten Land schon vor Jahrhunderten leisten, Polder anzulegen. Auf diese Weise nahmen die Niederlande immer mehr die Form an, die sie heute haben. Der Flevopolder im südöstlichen Küstenbereich des IJsselmeers war Bestandteil der sogenannten Zuiderzeewerke. Er wurde in zwei Phasen angelegt. Der östliche, 90 km lange Teil entstand bis 1956, die 70 km des Südteils wurden elf Jahre später fertiggestellt. Im Gegensatz zum Noordoostpolder wird dieses Neuland von einer Kette ineinanderfließender Seen umringt. Ursprünglich waren sie als Puffer angelegt worden, die dafür sorgen sollten, dass das Grundwasserniveau im »alten« Land nicht zu sehr absinkt und austrocknet. Heute dienen diese Seen der Berufsschifffahrt und Freizeitkapitänen zudem als Nord-Süd-Verbindung zwischen der *Randstad* und Friesland. An den Ufern dieser Seen kann man Alt und Neu leicht unterscheiden: Im Süden liegen historische Städte wie Harderwijk, während im Norden moderne und modernste Architektur dominiert, wie etwa in Almere. Insgesamt acht Zugangsstraßen erschließen den Flevopolder für den Autoverkehr. An den mit Ried bewachsenen Ufern leben viele Sumpf- und Wasservögel. Für sie ist diese Landschaft ein wichtiges Glied im Biotopverbund zwischen dem Utrechter Moränenrücken (*Heuvelrug*) und den overijsselschen Tiefmoorgebieten. Ausgang der Route ist

Kampen. Von dort führt die Reise über die IJssel, die ins nördlich gelegene Ketelmeer fließt. Am Südwestrand dieses großen Sees, der eine offene Verbindung zum IJsselmeer hat, liegt das Vossenmeer, ein bei der Einpolderung entstandener Binnensee (*Randmeer*).

Kampen

Dank der Kamper Seeleute hat es die Hansestadt an der Mündung der IJssel zu großem Ruhm und Reichtum gebracht. Die Händler segelten mit ihren plump wirkenden, aber sehr soliden Koggen auf der nicht ungefährlichen Route via Kap Skagen an der Nordspitze Dänemarks in die Ostsee. Im Bauch ihrer Einmaster transportierten sie in Salz eingelegte Heringe, Klippfische, Pilze, Holz und Getreide. Diese Waren tauschen sie gegen Wein und Bier, Salz und Tuch.

Eine Replik der für die Hanse typischen Koggen kann man im Hafen auf der Koggewerft besichtigen. Das in gewisser Weise an eine Kugel erinnernde Schiff wurde nach dem Vorbild eines Wracks gebaut, das man südlich vom Flevopolder gefunden hat. An Feiertagen und bei besonderen Anlässen wie »Sail Kampen« läuft die De Kogge unter Segel aus.

Aufgrund des lukrativen Handels auf dem Wasser wuchs Kampen immer mehr. Um das Jahr 1400, als Amsterdam nur etwa 5000 Bewohner zählte, lebten in Kampen doppelt so viele Menschen. Nach dem Zerfall der Hanse war Kampen eine strategisch wichtige Garnisonstadt, doch als die IJssel immer mehr versandete, verlor die Stadt an Bedeutung.

Eine zweite Blüte erlebte die IJsselstadt im 19. Jahrhundert mit dem »blauen Dunst«. 1880 gab es fast zwei Dutzend kleine Tabaksfabriken, in denen 1400 Arbeiter wöchentlich 1,5 Millionen Zigarren herstellten. Eine 1921 verhängte Zigarrensteuer und die Krise der 1930er-Jahre sorgten jedoch dafür, dass sich dieses rentable Geschäft buchstäblich in Rauch auflöste.

Über hundert Gebäude aus der Hansezeit, die altehrwürdigen Kirchtürme und dicken Stadttore bestimmen die Silhouette von Kampen. Und wenn am Ufer der IJssel die historischen Segelschiffe der *Bruine Vloot* vertäut liegen, fühlt man sich um Jahrhunderte zurückversetzt. Die Einwohner von Kampen behaupten denn auch stolz, dass man in keinem anderen niederländischen Ort vom Wasser aus eine solch atemberaubende Aussicht habe.

Kirchenstadt

Kampen ist eine ausgesprochene Kirchenstadt. Wer bei guter Sicht auf der Broederbrug steht, sieht nicht weniger als sieben Gotteshäuser.

Auf dem Nieuwe Toren in Kampen, diesem viereckigen Glockenturm, hängt im Sommer eine Kuhattrappe.

Eines der eindrucksvollsten ist die Bovenkerk (oder St. Nicolaaskerk), eine gotische Kreuzbasilika mit einem monumentalen Chor samt einem reliefverzierten Chorgitter, einer Kanzel aus Naturstein und einer großen Orgel. Interessant ist auch die Buitenkerk (oder Onze Lieve Vrouwekerk), eine Hallenkirche mit Deckenfresken und alten Grabsteinen.

Wie die meisten Städte war auch Kampen im Mittelalter von einer Stadtmauer umgeben. Große Teile davon wurden für den Bau neuer Häuser abgerissen. Aber drei Stadttore haben überlebt. Das eindrucksvollste ist das *Koornmarktspoort*, ein rechteckiges Tor am Ufer der IJssel, das wahrscheinlich aus dem 14. Jahrhundert stammt und später mit zwei runden Spitztürmen versehen wurde. Heute dient es als Ausstellungsraum. Im Westen der alten Festung bestimmen zwei wuchtige, mit Ornamenten und dem Stadtwappen verzierte Türme den robusten Charakter des *Cellebroederspoort*. Und dann gibt es im Nordwesten noch das *Broederpoort* mit vier schlanken Türmen.

Seit dem 15. Jahrhundert wurden immer wieder Brücken über die IJssel errichtet. 1997 platzierte man die neueste Flussüberquerung, eine Brücke mit vier stählernen Hubtürmen, deren Spitzen mit blattgoldenen Rädern verziert sind. Damit unterstreicht diese *brug met de gouden wielen* einerseits den historischen Charakter der Skyline und entspricht andererseits den Bedürfnissen der modernen Schifffahrt.

In der Verlängerung dieser IJsselbrücke steht (auf der Flussseite) das ursprünglich altgotische Rathaus mit Turm. Besonders schön ist die Fassade mit Statuen Karls des Großen und Alexanders des Großen sowie den Figuren, die Mäßigung, Treue, Gerechtigkeit und

Schleusengänge gehören zum Alltag auf einem Hausboot – hier bei Kampen.

Barmherzigkeit darstellen. Das eigentliche Prunkstück des historischen Hauses jedoch ist der eichenholzgetäfelte Ratssaal mit dem reich verzierten Renaissancekamin aus Sandstein. Dies alles kann man bei einem Rundgang durch das *Stedelijk Museum* sehen, das hier inzwischen eingezogen ist. Die ständige Sammlung befasst sich modern und multimedial mit den vier Themen Wasser, Religion, Rechtssprechung und Königsfamilie. Von den *Oranjes* ist eine ganze Ahnengalerie zu sehen, mit Porträts der einstigen Statthalter bis zur heutigen Königin Beatrix. Übrigens hängt im Museum auch ein wunderbares Bild von Hendrick Avercamp, *IJsvermaak* (»Eisvergnügen«), aus dem Jahre 1615. Der Maler war zwar ein gebürtiger Amsterdamer, lebte aber lange Zeit in Kampen und malte dort einen Großteil seiner berühmten Eisbilder. Die kurzweiligen Szenen auf den kleinformatigen Werken, auf denen man häufig Kampener Details ausmachen kann, sind mit vielen witzigen Elementen angereichert, etwa einem pinkelnden Mann oder einem im Eis eingebrochenen Schlittschuhläufer. Zum großen Bedauern der Direktion besitzt das Museum keinen eigenen Avercamp: *IJsvermaak* ist eine Leihgabe des *Rijksmuseum Amsterdam*.

Auf dem Burgwal im nördlichen Teil des Zentrums befindet sich das kleinste Haus der Stadt. Es ist ein 1,4 m breites und 4,5 m tiefes Lagerhaus mit einem Trichtergiebelchen, das zu einer Zweizimmerwohnung umgebaut worden ist.

In unmittelbarer Nähe des alten Rathauses steht der viereckige *Nieuwe Toren*, dessen 48 Glocken am Montagmorgen und am

Samstagnachmittag, wenn der Glockenspieler ein kleines Konzert gibt, über die ganze Stadt schallen. Während der »Kamper Zwiebeltage«, einem Festival im August, hängt eine Kuhattrappe an dem hohen Turm. Dieser Brauch geht auf eine alte Geschichte zurück: Weil oben auf dem Turmumlauf angeblich Gras wucherte, ließen Bürgermeister und Schöffen eine Kuh nach oben hissen, die es weggrasen sollte. Dies ist übrigens nicht die einzige Mär, die in Kampen erzählt wird. So soll sich die Bevölkerung dermaßen über den hohen Besuch eines Statthalters gefreut haben, dass sie beschloss, ihm einen Prunkwagen zu bauen. Leider war dieser zu hoch für die Stadttore.

Abends treffen sich die Einwohner von Kampen in einem der vielen Cafés in der Plantage oder in einem der Terrassenrestaurants am Ufer des IJsselmeers. Am Sonntag ist die Innenstadt allerdings mehr oder weniger ausgestorben. Dann besuchen die Bewohner des zum niederländischen *Bible Belt* gehörenden Orts einen Gottesdienst in einer der zahlreichen Kirchen. Wie in Zwartsluis (siehe 5. Route im Kapitel »Friesland«) wohnen hier viele orthodoxe Protestanten.

Die längste Einkaufsstraße auf der Oudestraat führt vom Kornmarkt parallel zur IJssel mitten durchs Zentrum bis zum Van Heutsplein. Am Montagmorgen werden auf dem Nieuwe Markt und dem Burgwal sowie am Samstag auf der Plantage Wochenmärkte mit Frischobst und Gemüse abgehalten.

Verlassen Sie Kampen auf der IJssel in Richtung Ketelmeer. Nach der hohen Eiandbrug heißt die Wasserstraße Keteldiep. An deren Ende kann man entweder durch den Flevopolder oder um den Flevopolder herum fahren. Die etwas gemächlichere Binnenroute – sie empfiehlt sich vor allem bei einer steifen Brise aus Südwest – führt von Ketelhaven auf der Hoge Vaart und später der Hoge Dwarsvaart über Biddinghuizen durch eine Schleuse ins Veluwemeer. Über das Aquädukt gelangt man nach Harderwijk.

Die Außenroute führt durch die Randmeere. Am Ende des Keteldiep halten Sie scharf backbords an und fahren entlang den Markierungen zuerst durch das 7 km lange Vossemeer. Außerhalb der markierten Fahrrinne ist dieses Gewässer oft weniger als 1 m tief. Bei extremem Wasserstand können sogar Teile des Ufers trockenfallen. Am südlichen Ende muss man durch die Roggebotsluis (Mo–Sa 7–19, So 10–19 Uhr). Eine ziemlich schmale Passage führt danach durch das 10 km lange Drontermeer. Das »neue« Ufer an der Nordseite dieses Sees ist mit vielen Bäumen bewachsen. Beim Städtchen Elburg fahren Sie unter der Elburgerbrug hindurch und erreichen das Veluwemeer, das nach dem größten zusammenhängenden Waldgebiet der Niederlande

benannt ist. Dieses erstreckt sich südlich der Randmeere auf einer Fläche von nahezu tausend Quadratkilometern. Das hügelige Gelände, auf dem hauptsächlich Kiefern wachsen, ist mit den vielen Sanddünen, kleinen Seen und Heideflächen ein beliebtes Erholungsgebiet. Auf der Fahrt über das Veluwemeer haben Sie eine gute Sicht auf die sanften Anhöhen dieses Landstrichs. Nachdem man durch den breiteren und etwas tieferen Südteil des Veluwemeers gefahren ist, gelangt man über das Aquädukt nach Harderwijk. Die Durchfahrt unter der Harderbrug ist der Berufsschiffart vorbehalten.

Harderwijk

Schon von Weitem fällt die blaue Kuppel des Dolfinariums an der Nordwestspitze von Harderwijk auf. Der größte Delfinpark Europas gehört zu den beliebtesten Freizeitattraktionen des Landes: Mehr als eine Million Besucher sehen sich jährlich eine Darbietung an. Unter der Kuppel führen die Meeressäuger mehrmals täglich ihre Kunststücke auf. Neben Delfinen und Tümmlern leben auch Walrosse, Seehunde, Haie und andere Wassertiere auf dem riesigen Gelände.

Gleich hinter dem Delfinpark liegt das sehenswerte Zentrum der mittelalterlichen Hansestadt. Ein bedeutender Teil der Stadtmauern ist erhalten geblieben, genauso wie das historische Stadttor, das *Vischpoort*, dessen Ursprung auf das 14. Jahrhundert zurückgeht. Vor diesem Tor verkauften früher die Fischer, was sie in der Zuiderzee gefangen hatten. Ihre Geschichte wird im *Stadsmuseum Harderwijk* erzählt.

Ein paar Straßen weiter steht das *Linnaeustorentje*, ein achteckiges Backsteintürmchen mit einem zwiebelförmigen Dach und einer Wendeltreppe. In einer Nische steht ein Brustbild von Carolus Linnaeus. Dieser schwedische Pflanzenkundler und Erfinder der botanischen Nomenklatur hatte im 18. Jahrhundert an der damaligen Universität von Harderwijk promoviert.

In dem kolossalen alten Rathaus auf dem Markplatz befindet sich heute eine Musikschule. Das rechteckige Backsteingebäude mit

»Aaltjesdagen« Harderwijk

Das zweite Wochenende im Juni steht in Harderwijk im Zeiches des Aals. An drei *Aaltjesdagen* feiert und tanzt die ganze Stadt. Während im Hafen traditionelle Fischerboote vertäut liegen, wird auf den Kaden die alte Technik des Aalräucherns demonstriert. Seemannschöre singen ihre Lieder und abends wird das maritime Kulturfest mit einem Feuerwerk abgeschlossen.

Im Zentrum der mittelalterlichen Hansestadt Harderwijk.

dorischen Säulen wurde im 19. Jahrhundert im klassizistischen Stil restauriert.

Auch Harderwijk liegt im *Bible Belt* und dementsprechend gibt es viele Kirchen. Interessant ist insbesondere die Grote Kerk (oder Onze Lieve Vrouwekerk) mit einem Chor aus dem 14. Jahrhundert. Bei Restaurierungsarbeiten in den 1960er-Jahren kamen einzigartige Deckenmalereien zum Vorschein.

Händler der Hansestadt Harderwijk kamen bis in die Ostsee und an die Rheinstädte, die sie hauptsächlich mit Hering und Aal belieferten. Vor allem der Bückling war in Deutschland sehr beliebt.

Bis zum Bau des Abschlussdammes gab es zahlreiche Aalräuchereien. Doch nachdem aus der Zuiderzee der Süßwassersee IJsselmeer entstanden war, ging es mit dem Fischhandel bergab. Heute existiert nur noch ein Fischhändler mit einer traditionellen Aalräucherei. Dieser ist gerne bereit, das alte Handwerk vorzuführen.

Im alten Zentrum und auf dem Strandboulevard am Wasser hat man auf der Suche nach einer Erfrischung die Qual der Wahl. Zahlreiche Cafés und Restaurants laden mit ihren Sonnenterrassen zum Verweilen ein. Die Einkaufsstraße in der Nähe heißt Donkerstraat. Zwei Supermärkte befinden sich unweit des Hafens, und am Samstag gibt es auf dem Kloosterplein einen Obst- und Gemüsemarkt.

Das Wolderwijd, auf dem die Reise durch die Randmeere weitergeht, ist viel breiter als die vorherigen Gewässer. Folgen Sie trotzdem der

Es gibt sie noch, aber immer weniger: Frauen in traditioneller Tracht in Spakenburg.

markierten Fahrrinne, die weiter durch das schmale Nuldernauw zur Schleuse von Nijkerk (Mo–Fr 7–20, Sa 7–19, So 10–19 Uhr) und von dort ins nächste Etappenziel führt: Spakenburg.

Spakenburg

Eine nautische Attraktion im Hafen von Spakenburg sind die vielen *botters*, die kleinen traditionellen Fischerboote, mit denen die Männer ehedem zum Fang auf die Zuiderzee fuhren. Heute kann man Handwerkern zuschauen, die diese alten Schiffe restaurieren. Der Ort ist mit dem Nachbardorf Bunschoten zu einer Zwillingsgemeinde zusammengewachsen. Früher kamen alle Fischer traditionell aus Spakenburg und die Bauern aus Bunschoten. Im 19. Jahrhundert, als der Fischfang florierte, bewirkte dies markante Standesunterschiede. Und Probleme, wenn der Sohn eines reichen Fischers sich mit einer armen Bauerstocher aus Bunschoten vermählen wollte. Doch mit der Abriegelung der Zuiderzee verschwanden diese gesellschaftlichen Ungleichheiten.

Bei einem Spaziergang durch das Zwillingsdorf fallen immer wieder Frauen in Tracht auf. Nicht nur am Sonntag, der in dieser

Auf der Botterwerf in Spakenburg werden die altehrwürdigen Segelschiffe von freiwilligen Helfern instand gehalten.

strenggläubigen Gemeinde größtenteils in der Kirche verbracht wird, sondern auch an Wochentagen ziehen sich Spakenburgerinnen die traditionelle Kleidung an. Allerdings tun dies fast nur ältere Frauen. Da jüngere von dieser Gewohnheit nicht viel zu halten scheinen, ist es eine Frage der Zeit, bis dieser Brauch ausstirbt. Doch es gibt zwei Ausnahmen: An den folkloristischen Spakenburger Festtagen im Sommer und am Fischereitag im Herbst kommen viele in der Tracht. Und im Trachten- und Fischereimuseum gibt es viele dieser historischen Gewänder zu bewundern.

In den Cafés auf dem Spuiplein und jenen rund um den Alten Hafen trifft sich – außer am Sonntag – die Bevölkerung zum Feierabendbier. Zum Einkaufen seien die Spui- und die Kerkstraat empfohlen. Der samstägliche Gemüse- und Früchtemarkt wird auf dem Spuiplein abgehalten.

Im Eemmeer geht die Reise in nordwestlicher Richtung durch die markierte Fahrrinne an dem mit Blumen bewachsenen Deich des Flevopolders entlang bis zur hohen Stichtse Brug, dem Beginn des 13 km langen Gooimeer. Etwa in der Mitte dieses Sees zweigt eine ebenfalls gut

Moderne Architektur ist synonym mit Almere, hier im Stadtteil Almere-Buiten.

mit Tonnen angegebene Fahrrinne nach Norden ab. So gelangen Sie nach Almere-Haven, das ideal ist für einen Landgang mit dem Fahrrad.

Almere-Haven

Im November 1976 bezogen die ersten Pioniere die neu gebauten Häuser in Almere-Haven. Ein Jahr später erblickte das erste Baby hier das Licht der Welt. Inzwischen hat sich die aus dem Boden des Polderlandes gestampfte Stadt enorm gemacht. Nach Almere-Haven sind weitere Stadtteile zwischen dem nördlich des Flevopolder gelegenen Markermeer und dem Naturschutzgebiet *Oostvaarders Plassen* im Osten entstanden. Heute ist Almere nicht nur eine der jüngsten Städte des Landes, sondern auch eine der am schnellsten wachsenden. Dank der weit vorausschauenden Städteplaner, die Almere auf dem Reißbrett entworfen haben, steht einer weiteren räumlichen Ausbreitung nichts im Wege.

In erster Linie wurde der Ort, der sich 7 m unter dem Meeresspiegel befindet, für junge Familien konzipiert, die sich in diesem Poldergebiet den Traum eines Eigenheims mit Garten erfüllen können und doch nicht allzu weit von den Ballungsgebieten um Amsterdam und Utrecht entfernt sind. Inzwischen haben viele vor Ort auf dem Flevopolder Arbeit gefunden. Sie können sich glücklich schätzen, dass sie nicht mehr morgens und abends im Stau oder im überfüllten Zug stehen. Bis heute gibt es nur eine Autobahnverbindung und eine Eisenbahnlinie aufs »Festland«.

Das »Zentrum«, Almere-Stad genannt, wartet mit vielen abenteuer-

Im Hafen von Almere finden Hausbootskipper fast immer einen ruhigen Liegeplatz.

lich-modernen Bauten auf. Kernstück ist die Zitadelle. Dieser 150 mal 150 Meter große Block aus braunem Polyesterbeton ist mehrstöckig und multifunktionell: Die beiden Untergeschosse dienen als Straße, Bustrasse und Parkhaus. Auf den beiden nächsten Etagen befindet sich ein Einkaufszentrum und darüber gibt es 48 mehrstöckige Wohnungen mit Terrassen sowie einen Dachpark samt Teich und Restaurant. Von dort oben hat man eine tolle Aussicht auf die neue Skyline von Almere, für die 15 internationale Stadtplaner unter Leitung des niederländischen Spitzenarchitekten Rem Koolhaas verantwortlich sind. Zu erwähnen wäre etwa die *Schouwburg*, das gläserne Stadttheater, das die Japanerin Kzuyo Sejima direkt ins Wasser gebaut hat. Oder das Apollo-Hotel des Briten William Alsop, dessen bauchige Rezeption mit den Bullaugen wie eine halbierte Kartoffel aussieht.

Rund um die *Citadel* gibt es in Almere mehr als 400 Läden, die an 7 Tagen die Woche geöffnet sind. Am Samstag wird auf der Kemphaan ein biologischer Markt abgehalten.

Zur Weiterreise muss man zuerst die Schleuse (Juli/August: täglich 9–12 und 13–20 Uhr, April–Juni: Mo-Fr 9–12, 13–20 und Sa/So bis 21 Uhr) passieren. Danach fahren Sie über die Langewetering und biegen nach backbord in die Hoge Vaart ein. Kurz bevor diese ins Markermeer mündet, muss man erneut nach Steuerbord abbiegen und die (fernbediente) Vaartsluis (Mo–Fr 6–12.30, 13–18, 18.30–22, Sa nur bis 19, So 9–12.30, 13.30–19 Uhr) passieren. Dann geht es auf der Lage Vaart weiter. Diese bringt die Hausbootreisenden zuerst um

Fast wie im Urwald – aber auch dieser Wald, der Harderbos, wurde von Menschenhand erschaffen.

den Stadtteil Almere-Buiten herum und dann ein gerades Stück am Naturschutzgebiet *Oostvaarders Plassen* entlang. Hier passiert man eine Schleuse, die meist offen steht. Kurz vor Lelystad muss man nach backbord in die Lage Dwaarsvaart einbiegen und durch die Schleuse (gleiche Bedienungszeiten wie Vaartsluis) fahren, wenn man in einem der Häfen nächtigen will. Ansonsten geht es weiter auf der Lage Vaart.

Lelystad

Die nach dem geistigen Vater der Zuiderzeewerke Cornelis Lely benannte Hauptstadt der Provinz Flevoland ist nur ein paar Jahre älter als das benachbarte Almere im Westen des Neulands. Auch hier gibt es viel moderne Architektur, trotzdem gilt Lelystad im Vergleich zu ihrer Konkurrentin als eher spröde. Dafür hat man hier zwei wunderbare Museen, deren Besuch sehr zu empfehlen ist. Zum einen das *Nieuw Land Erfgoedcentrum*, in dem viele Geheimnisse der niederländischen Wasserbauingenieure gelüftet werden. Anhand von sieben multimedialen Präsentationen wird die Entstehung des Flevopolder erklärt und die Geschichte seiner Bewohner erzählt. Zu sehen sind außerdem viele historische Schwarz-Weiß-Filme von den Bauarbeiten aus der Ursprungszeit. Und es gibt anschauliche Erläuterungen über den Deichbau und die Materialien, die es dazu braucht.

Der Flevopolder mit seinen Endlosfeldern ist das größte Landgewinnungsprojekt der Niederlande.

In unmittelbarer Nähe befindet sich das andere Museum, die *Bataviawerf*. In dieser Werftanlage werden historische Großsegler aus dem 17. Jahrhundert anhand gefundener Wracks rekonstruiert. Die erste Nachbildung war die BATAVIA, und seit Mitte der 1990er-Jahre wird an dem berühmten Flaggschiff DE ZEVEN PROVINCIËN von Michiel de Ruyter gebaut. Dieser Admiral hatte sich unsterblich gemacht, als er 1667 die Engländer in einer Seeschlacht mit diesem Schiff vernichtend schlug. Die *Bataviawerf* ist ein Reintegrationsprojekt, bei dem Arbeitslose die historischen Segelschiffe unter Fachbegleitung bauen.

In der Kroonpassage unweit des Gemeindehauses gibt es ein Einkaufszentrum.

Am Donnerstagnachmittag bieten ein paar Marktleute im Hafen Gemüse und Früchte feil. Ansonsten kann man am Samstag auf dem Agorahof Lebensmittel für die Kombüse erwerben.

Auf dem Rückweg muss man abermals schleusen und auf der Lage Dwarsvaart weiterfahren, bis diese in die Lage Vaart einmündet. Diese Wasserstraße führt über Dronten zur Kampersluis. Gleich nach der Schleuse geht es nach Norden zur Ketelsluis, denn die letzten Meter der Laage Vaart sind nicht befahrbar (gleiche Bedienungszeiten wie Vaartsluis). Danach folgt man auf dem Ketelmeer der markierten Strecke in östlicher Richtung ins Keteldiep und fährt auf der IJssel zurück nach Kampen.

NORD
0 km 3
Za
Noordzee

Avenhorn
Beemster-
Polder
Oost-
huizen
De Rijp
Beemsterringvaart
Beemsterringvaart
Spijkerboor
Pulmerend
Noordhollandsch Kanaal
De Poel
Noordhollandsch Kanaal
Zaanse Schans
Noordhollandsch Kanaal
Zaan
Zijkanaal G
Amsterdam-Noord
Willem I
Sluizen
Amsterdam

2. Route: Beemstertour

Entfernungen	
Amsterdam–Zaanse Schans	13 km
Zaanse Schans–De Rijp	12,5 km
De Rijp–Amsterdam	36,5 km
Insgesamt	**62 km**

3 Schleusen

Karte: ANWB Waaterkarte G – Amsterdam – Alkmaar

Auf diesem Törn geht es um das kulturelle Erbe in und um Amsterdam. Hier hat die berühmte Vereinigte Ostindische Compagnie (VOC) viele Spuren hinterlassen. Dieses im 17. und 18. Jahrhundert aktive

Nächtliches Amsterdam mit Wohnbooten und den Wolkenkratzern der Zuidas im Hintergrund.

Handelsunternehmen mit Zweigstellen in niederländischen Kolonien war das erste global tätige niederländische Handelsunternehmen der Welt. Mit dem erwirtschafteten Geld bauten sich die Amsterdamer Patrizier den beispiellosen Grachtengürtel. Außerdem ließen sie im Norden der Hauptstadt den eraten größeren Polder der Niederlande anlegen.

Amsterdam

Der einzigartige Grachtengürtel macht nach wie vor den Charme von Amsterdam aus. Aber die Stadt, die zu den schönsten Metropolen Europas zählt, hat sich in den letzten zwei Jahrzehnten enorm verändert. So sind an den städtischen Rändern viele neue Wohnquartiere entstanden. Mit IJburg hat man gar ein neues Stadtviertel komplett

Eine Besichtigung des Amsterdamer Grachtengürtels ist Pflicht – allerdings nicht mit dem Hausboot.

aus dem Wasser gestampft. Dereinst sollen auf sechs trockengelegten Inseln 45 000 Menschen wohnen. Bisher ist mit zwei Stadtinseln und 15 000 Bewohnern ein Drittel des Megaprojektes realisiert worden. Der fröhlich-moderne und teils sehr eigenwillige Baustil der Wohnkomplexe und Wasservillen lockt an Wochenenden viele Architekturliebhaber an. Im Sommer pilgern Sonnenanbeter und Badefreudige nach Blijburg, an den einzigen echten Stadtstrand auf IJburg. Mit dem Fahrrad ist das funkelnagelneue Viertel in weniger als einer Stunde vom Zentrum aus zu erreichen.

Darüber hinaus hat sich die niederländische Hauptstadt in letzter Zeit wieder mehr dem Hafen zugewandt – wo im »Goldenen Jahrhundert« die VOC-Schiffe mit ihren kostbaren Ladungen aus den Kolonien einliefen. Später richtete sie ihr Augenmerk vor allem auf die Stadtbereiche südlich des im ausgehenden 19. Jahrhundert am Hafen gebauten Hauptbahnhofs: Grachtengürtel, *Rijksmuseum* – und nicht zu vergessen das Rotlichtviertel. Die andere Seite des alten Hafens, der mit Gratisfähren erreichbare Stadtteil Amsterdam Noord, galt lange Zeit als eher langweiliger Wohnsitz von Arbeitern und Angestellten. Doch nun schießen diesseits und jenseits des *IJ* (sprich: Äi), wie das Hafengewässer genannt wird, Wohnsiedlungen und Kulturhäuser aus dem Boden. Markantester Blickfang ist das 2012 eröffnete Filmmuseum schräg gegenüber vom Hauptbahnhof. Die merkwürdig anmutende Konstruktion des österreichischen Architekturbüros Delugan Meissl erinnert an eine im Wasser treibende Eisscholle. Binnen kürzester Zeit hat sich die wunderbare Terrasse des Museumsrestaurants direkt am Wasser zu einem neuen Amsterdamer Hotspot gemausert. Weiter westlich gelangt man mit einer anderen Gratisfähre auf das

Neuer Blickfang im Amsterdamer Hafen: das EYE-Filmmuseum, das aussieht wie eine treibende Eisscholle.

Terrain der ehemaligen NDSM-Werft. Auch dieses Gebiet im Amsterdamer Norden hat in den letzten Jahren eine wahre Metamorphose durchlaufen. Viele der hier anzutreffenden ehemaligen Schiffswerften dienen heute als Künstlerateliers. Auf einer hoch über dem Wasser befindlichen Kranschiene, die früher beim Laden und Löschen von Großtankern eingesetzt wurde, steht nun ein 270 m langer Bürokomplex mit Glaslamellen. Und dahinter sind als Studentenunterkünfte 380 bunte Container aufeinandergestapelt.

Auf der Innenstadtseite gegenüber ist bei den früheren Hafenspeichern, wo zwischenzeitlich viele Hausbesetzer wohnten, das neue Quartier Westerdock entstanden. Auch hier durften die Architekten ihrer schöpferischen Kreativität freien Lauf lassen, wie man schon aus weiter Ferne sehen kann. Als Zugang zu diesem Viertel dient eine ausrangierte Eisenbahndrehbrücke, in der sich nun ein Restaurant mit dem treffenden Namen »Open« befindet. Weil die umliegenden Straßen und Radwege nicht sehr kinderfreundlich sind, haben die Planer zwischen den Wohnbooten auf der Westseite der Häuserreihe einen Spielplatz auf dem Wasser eingerichtet: Hier können sich die Kleinen auf zwei mit Netzen gesicherten Plattbodenschiffen austoben.

Jedes Jahr laufen mehr Kreuzfahrtschiffe Amsterdam an. Östlich vom Bahnhof wurde für sie ein eigener Terminal gebaut. Das Glashaus mit dem sich wellenden Dach steht neben dem *Muziekgebouw aan het IJ*, dem neuen Musik- und Theaterkomplex mit einer ausladenden Terrasse am Wasser. Weiter östlich gibt es einen Mix von architektonisch ansprechenden Neubauten und ehemaligen Lagerhäusern, die in komfortable Apartments umgewandelt worden sind. Es lohnt sich durchaus, zu Fuß oder mit dem Fahrrad hierher einen Abstecher zu machen.

*Das neue Amsterdamer Stadtviertel IJburg (oben).
Am 27. April, dem Koninginnedag, geht es auf den Grachten hoch her (Mitte).
Technologiemuseum NEMO für kleine und große Kinder (unten).*

Hausboote in Amsterdam

Mit dem Hausboot durch Amsterdam zu fahren ist nicht ratsam. Die vielen »Einbahnwasserstraßen« und der Grachtengürtel mit seinen niedrigen Festbrücken sind nur für kleine Boote geeignet. Freizeitkapitänen mit größeren Gefährten sind deshalb nur die Amstel, die aus dem Süden mitten durch die Stadt fließt, sowie der bei IJmuiden in die Nordsee mündende Noordzeekanaal zu empfehlen.

Die Stadt geht auf das 12. Jahrhundert zurück, als sich die ersten Siedler im sumpfigen Mündungsgebiet des Flusses Amstel niederließen und zum Schutz vor den Fluten der Zuiderzee einen Damm errichteten. Diesem hat die Stadt ihren Namen zu verdanken. *Dam* heißt bis heute der wichtigste Platz der Hauptstadt. Dort stehen der im Sommer für Publikum geöffnete königliche Palast (*Paleis op de Dam*) und die Nieuwe Kerk, eine wuchtige spätgotische Basilika, in der sich Kronprinz Willem-Alexander und seine argentinische Braut Máxima 2002 das Jawort gaben. Meistens sind in diesem Gotteshaus gegenwärtig jedoch große Ausstellungen zu wechselnden Themen zu sehen.

Ihre Blütezeit erlebte die Stadt im 17. Jahrhundert dank der Vereinigten Ostindischen Compagnie. Die riesigen Segelschiffe der VOC brachten allerlei Kostbarkeiten aus Indonesien und Indien: Pfeffer, Zimt, Nelken und andere Gewürze, Reis, Kaffee und Zucker, aber auch Seide, Gold und Silber. Gut 4000 Schiffe schickte die VOC während ihres 200-jährigen Bestehens nach Asien – von denen kehrten allerdings nur etwas mehr als 3000 zurück. Was die Seeleute auf ihren abenteuerlichen Reisen erlebten, wird sehr plastisch im Schifffahrtsmuseum erzählt. Für anschauliche Präsentationen der maritimen Geschichte Amsterdams und der Niederlande ist dieses 2011 nach einer gründlichen Renovierung wiedereröffnete Haus die beste Adresse. Außerdem hat es eine der umfangreichsten Globensammlungen der Welt. Allein schon diese 70 mit See- und Himmelskarten verzierten Weltkugeln sind einen Besuch wert.

Weltberühmt ist natürlich der Amsterdamer Grachtengürtel. Weil die mittelalterliche Stadt an der Amstel aus ihren Fugen zu platzen drohte und die reichen Kaufleute größere und komfortablere Häuser wünschten, hatte man 1612 mit dem Ausgraben der drei Hauptgrachten – Herengracht, Keizersgracht und Prinsengracht – begonnen. (Das Wort Gracht stammt vom niederländischen *graven*, graben). Danach wurden 9 m lange Baumstämme in den sumpfigen Boden gerammt, um die Häuser vor einem Absinken zu bewahren. Anschließend ließen die begüterten Herren ein feinmaschiges System von

Rembrandts Frühstück

Jedes Jahr am 15. Juli wird der Geburtstag von Rembrandt van Rijn mit einem besonderen (und kostenlosen) Frühstück gefeiert. Zwischen 7 und 9 Uhr gibt es dann im Garten des *Rijksmuseum* in Amsterdam das, was der 1606 geborene Meister morgens zu sich nahm: Weißbrot und Heringe. Dazu werden Kaffee und Tee serviert. Um 8 Uhr schneidet der Museumsdirektor eine große Torte an.

Brücken und Querstraßen anlegen. Die reichsten Patrizier zogen auf der Heren- und Keizersgracht in prachtvolle Unterkünfte mit prächtig verzierten Giebeln und stilvollen Gartenanlagen in den Innenhöfen. Wie die Kaufmannsfamilien damals gelebt und wie ihre Gärten ausgesehen haben, ist heute im *Museum Van Loon* an der Keizersgracht zu sehen. Einen umfassenden Überblick über den Grachtengürtel und seine Entstehung zeigt überzeugend – und sehr multimedial – das *Grachtenhuis* an der Herengracht 386.

Ein Spaziergang durch die halbmondförmige Grachtenanlage, ein UNESCO-Welterbe, gehört für jeden Besucher der Stadt zum absoluten Pflichtprogramm.

Die lebendigste der drei auch als Wohnadresse sehr beliebten Grachten ist heute übrigens die Prinsengracht, an der früher die etwas weniger Betuchten wohnten. Heute findet man hier zahlreiche Kneipen.

Einen Abstecher ins südlich gelegene Museumsquartier sollte man sich ebenso wenig entgehen lassen. Am Museumplein stehen sowohl das *Rijksmuseum* mit der landesweit größten Sammlung alter niederländischer Meister wie Rembrandt van Rijn, Johannes Vermeer oder Frans Hals als auch das Van-Gogh-Museum mit der weltweit bedeutendsten Sammlung dieses berühmten Künstlers. Und direkt im Nachbargebäude, dem *Stedelijk Museum*, ist moderne Kunst zu Hause: Skulpturen von Auguste Rodin, Möbel von Gerrit Rietveld, Gemälde von Pablo Picasso oder Fotos von Man Ray.

Shoppen kann man in Amsterdam nach Herzenslust. In Bahnhofsnähe beginnt die Einkaufsmeile Nieuwendijk, die sich auf der andere Seite des *Dam* in der Kalverstraat fortsetzt. Viel hübscher und weniger überlaufen sind jedoch die sogenannten *9 straatjes*, quer zu den Grachten verlaufende Gassen, in denen es zahlreiche Boutiquen und Spezialläden gibt. Supermärkte findet man überall in der Stadt. Frischen Fisch, Früchte und Gemüse können Sie täglich auf dem Albert Cuyp Markt kaufen. Und am Samstag wird auf dem Noordermarkt ein großer und auf dem Nieuwmarkt ein etwas kleinerer Bio-Markt abgehalten.

Start der Reise ist der Hafen, das sogenannte *IJ* zwischen dem Zentrum und dem Stadtteil Amsterdam Noord. Fahren Sie auf dem Noordzeekanaal in Richtung Nordsee und halten Sie sich dabei strikt an die Steuerbordseite. Dieser Kanal ist sehr stark befahren: große Frachtdampfer, flache Binnenschifferkähne, historische und hochmoderne Segelschiffe, kleine Ausflugsboote und immer wieder ein riesiges Kreuzfahrtschiff. Außerdem muss man auf die vielen Fähren achten, die an mehreren Stellen die beiden Ufer miteinander verbinden.

Sobald auf der Steuerbordseite die Ausfahrt Zijkanaal G auftaucht, biegt man in diesen Kanal ein. Kurze Zeit später passieren Sie die Wilhelminasluis (Mo–Fr 6–22, Sa 7–18, So 9–19 Uhr) und fahren auf der Zaan weiter. Ein paar Kilometer nach der hohen Julianabrug erreichen Sie in nördlicher Richtung die *Zaanse Schans*. In unmittelbarer Nähe gibt es eine Anlegestelle.

Die Zaan, ein kurvenreicher und gerade mal 13 km langer Fluss, an dem zahlreiche Industriedenkmäler anzutreffen sind, war die Lebensader des bedeutenden Gewerbegebiets, das sich im 17. Jahrhundert an beiden Ufern erstreckte. Es fand sich damals in Europa kaum eine Region, die in dieser Hinsicht mit der Zaanstreek zu vergleichen war. Hier gab es Webereien, Segelmacher, Transiedereien, Sägereien, Schiffswerften, Zinngießer; es wurden Schnupftabak, Farbe, Papier und Kerzen hergestellt. Zur Blütezeit drehten etwa 600 Mühlen ihre Flügel. Und auf den angrenzenden Wiesen betrieben die Anwohner Viehwirtschaft.

»Zaanse Schans«

In dem historischen Museumsdorf *Zaanse Schans* fallen neben den vielen Mühlen die grünen Häuschen mit ihren hübschen, ebenfalls grün gestrichenen Giebeln auf. So wohnten früher die Menschen an der Zaan. Seit den 1960er-Jahren werden die kleinen Häuser in diesem Freilichtmuseum sorgfältig für die Nachwelt erhalten. Außerdem werden den Besuchern alte Handwerksbräuche demonstriert. Es gibt ein Bäckermuseum, in dem man *duivekater*, eine alte regionale

Das Museumsdorf Zaanse Schans.

Typische Häuschen aus der Zaan-Region, die es auch außerhalb des Museumsdorfes Zaanse Schans gibt.

Spezialität aus süßem Weißbrot, kosten kann. In einem der Häuschen wurde der allererste Laden der Supermarktkette Albert Heijn samt ursprünglicher Einrichtung und damaligem Inventar nachgebaut. Eine andere winzige Behausung ist nach Peter dem Großen benannt. Der russische Zar weilte 1697 inkognito hier, um sich ein Bild vom niederländischen Schiffsbau zu machen. In einer nach einem historischen Vorbild rekonstruierten Käserei wird vorgeführt, wie aus Milch die schweren Käselaibe entstehen. In der *Klompenmakerij* in einer ehemaligen Scheune zeigt ein Schuhmacher, wie die berühmten Holzpantinen entstehen. Sehr interessant ist auch die Böttcherei im *Kuiperijmuseum*, wo noch auf die alte Weise Holzfässer hergestellt werden.

Weiterbilden kann man sich auch in den vielen Museumsmühlen. Eine Besonderheit ist die 1782 abgebrannte und wiederaufgebaute *Verfmolen De Kat*. Hier werden wie früher verschiedene Grundstoffe zu Pigmenten für die Farbherstellung gemahlen.

Auf der Zaan geht die Reise in Richtung Norden weiter. Unterwegs sieht man immer wieder jene typischen grünen Häuschen, die es auch außerhalb des Museumsdorfes noch gibt. Es kann aber auch passieren, dass plötzlich eine neue und nicht unbedingt ansprechend aussehende Fabrik hinter einer Flussbiegung auftaucht. Und wenn der Wind aus der richtigen Richtung kommt, weht einem Kakaoduft entgegen: Aus der im 19. Jahrhundert hier angesiedelten Verkade-Bäckerei entstand später die gleichnamige Fabrik, die neben Keksen heute auch Schokolade herstellt. Danach müssen Sie die Zaanbrug und die

In einer der musealen Mühlen auf der Zaanse Schans werden Farbgrundstoffe gemahlen.

Prins Clausbrug (gleiche Zeiten wie die Wilhelminasluis) passieren. Nach den Yachthäfen an der Backbordseite biegt man in die Knollendammervaart ein, die zur Brücke (täglich 9–13, 14–19 Uhr) bei Spijkerboor führt und die Einfahrt in die Beemsterringvaart ermöglicht. Diese Wasserstraße, auf der nicht mehr als 6 km/h erlaubt sind, führt bis in das Dörfchen De Rijp. Achtung, hinter der nächsten Kreuzung, an der Einfahrt zu der Beemsterringvaart, liegt noch eine feste Brücke mit einer Durchfahrtshöhe von 2,4 m. Leichte Schwankungen im Wasserstand auf den Kanälen, die vorkommen können, verändern auch die Durchfahrtshöhe.

Beemster-Polder

Östlich von De Rijp erstreckt sich auf einer Fläche von über 7000 ha der grüne Beemster-Polder. Sie sollten unbedingt aufs Fahrrad steigen, um sich dieses Landschaftskunstwerk aus der Nähe anzusehen. Der hierzulande nur kurz Beemster genannte Polder ist das älteste großformatige Landgewinnungsprojekt der Niederlande. In dieser Gegend nördlich von Amsterdam bot sich im 17. Jahrhundert den reichen Amsterdamer Kaufleuten eine interessante Investitionsmöglichkeit für das viele Geld, das sie mit dem Überseehandel erwirtschaftet hatten. Zumal man neue Landwirtschaftsflächen benötigte, weil die Hauptstadt damals aus allen Nähten platzte und ihre Versorgung mit Nahrungsmitteln entsprechend schwierig geworden war. Nach der Trockenlegung des großen Seen- und Sumpfgebiets mithilfe von Windmühlen unterteilten die Bauern das entstandene Land in riesige

Randmeren: Anlegemöglichkeiten

Die Stiftung *Gastvrije Meren* bietet auf den Randseen südlich des Flevopolders mehr als 10 Anlegestellen mit insgesamt über 350 Plätze an; man darf hier maximal dreimal 24 Stunden bleiben. Die lauschigen Stellen liegen teils verborgen am Ufer oder an einer der kleinen Inseln. Angesagt ist das Übernachten in der freien Natur, also ohne Wasser- oder Elektrizitätsanschluss. Es gibt (bis auf eine Ausnahme) keine Duschen oder Toiletten, und man muss seinen Abfall natürlich selber wieder mitnehmen. Bei einigen Anlegestellen kommt abends ein Bäcker aus der Umgebung vorbei, um Bestellungen aufzunehmen. Am nächsten Morgen bringt er dann die frischen Brötchen. Damit diese Anlegestellen instand gehalten werden können, muss man einen Obolus von rund 0,70 Euro pro Schiffslängenmeter und je Nacht entrichten. (www.gastvrijemeren.nl)

Quadrate und diese wiederum in rechteckige Parzellen. Außerdem wurde das gesamte Poldergebiet mit einem gleichmäßigen Netz von schnurgeraden Straßen und Kanälen durchzogen, eine revolutionäre Neuheit in jener Zeit. Durch diese konsequent geometrische Einteilung entstand eine Kulturlandschaft, in der die drei Ideale der Kaufleute, nämlich Stabilität, Nutzen und Schönheit, vereinigt werden konnten. 50 Schöpfmühlen sorgten dafür, dass das gewonnene Land, dessen tiefster Punkt sich 4 m unter dem Meeresspiegel befindet, trocken blieb. Gepumpt werden muss übrigens noch immer – allerdings braucht es heute dafür nur noch zwei elektrisch betriebene Schöpfwerke. Würde man diese abstellen, liefe der Polder innerhalb eines Monats wieder voll Wasser.

Zugbrücke und Rathaus im Dorf De Rijp erinnern an das 17. Jahrhundert.

Museumsmühle bei Schermerhorn steht in der fast unberührten Polderlandschaft.

Die im Polderland errichteten Bauernhäuser, sogenannte *stolpen*, sind einstöckige Gebäude mit einem pyramidenförmigen Dach. Stall, Heuschober und Wohnung der Bauersleute, alles fand Platz unter den Spitzdächern. Und weil die Polderbesitzer, die reichen Amsterdamer Kaufleute, in den warmen Monaten gern vor den stinkenden Grachten hierherflohen, ließen sie sich an den Vorderseiten der Bauernhöfe vornehme Sommerhäuser bauen. Wer mit dem Rad in den Hauptort Middenbeemster fährt, sieht viele dieser (renovierten) alten *stolpen*. Der Polder, der bis heute ein beliebtes Naherholungsgebiet für Amsterdamer ist, steht inzwischen als Welterbe auf der Liste der UNESCO.

Die Route führt von De Rijp auf dem gleichen Weg zurück bis zum Noordhollandsch Kanaal, dem Sie nach Backbord folgen. Der Kanal wurde im frühen 19. Jahrhundert gegraben, als es wegen der zunehmenden Versandung für die Schiffe immer schwieriger wurde, die Zuiderzee zu erreichen. Nach dem Bau des Nordzeekanaal verlor der Nordhollandsch Kanaal an Bedeutung. Sie fahren zunächst an der Nordgrenze des Naherholungsgebiets Jisperveld entlang, das wegen zu geringer Wassertiefe nicht mit Hausbooten befahrbar ist. Am westlichen Eingang finden Sie aber genügend Kanuvermietungen, wenn Sie es trotzdem erkunden möchten. Der Noordhollandsch Kanaal führt in Purmerend nach Steuerbord zur Schutsluis (Mo–Fr 6–7.15, 8.15–16.30, 17.30–22. Sa, So 9–19). Nach der Schleuse folgen Sie dem Kanal durch die Deichlandschaft weiter bis zu den Willem I Sluizen (Mo–Fr 5.22, Sa 9–19, So bis 20 Uhr) und von dort zurück in den Hafen von Amsterdam.

NORD
0 km 5
Den Helder
Balgzandkanaal
Amstelmeer
Ulkesluis
Juliana-dorp
Waardkanaal
Pishoek
Stolpen
Schagerkoggekanaal
Waardbrug
Schagen
Burgervlotburg
Sint Maartensvoitburg
Noordhollandsch Kanaal
Schoorl
Alkmaar
Bergen
Noordhollandsch Kanaal
Alkmaardermeer
Enge Stierop
Uitgeest
Woudaap
Krommenie
Noordersluis
De Pool
Vrouwenverdriet
Nauernasche Vaart
Noordzeekanaal
Amsterdam

3. Route: Mühlen, Käse, Tulpen

Entfernungen	
Amsterdam–Alkmaar	37,5 km
Alkmaar–Den Helder	39 km
Den Helder–Schagen	38 km
Schagen–Amsterdam	68,5 km
Insgesamt	**183 km**

5 Schleusen

Karte: ANWB Waaterkarte G – Amsterdam – Alkmaar, F – Alkmaar – Den Helder

Niederländische Frühlingsboten: die Tulpenfelder zwischen Anna Paulowna und Breezand.

Diese Reise führt durch die »Sonnenstube« der Niederlande. Der *Kop van Noordholland*, wie die an drei Seiten von Wasser umgebene Landzunge nördlich von Amsterdam genannt wird, verzeichnet im Jahresdurchschnitt die meisten Sonnenstunden des ganzen Landes. Im Westen grenzt sie an die Nordsee mit ihren Stränden, im Osten an das bei Wassersportlern sehr beliebte IJsselmeer. Und im Norden beginnt mit Texel, der westlichsten Insel der fünf niederländischen *Waddeneilanden*, das Wattenmeer. Unterwegs fährt man durch Dünengebiete und Polderlandschaften und kommt an lieblichen Ortschaften mit alten Deichhäuschen vorbei.

Die Tour startet im *IJ* in Amsterdam und führt von dort auf dem Noordzeekanaal in westlicher Richtung (siehe dazu 2. Route in diesem Kapitel) bis zur Nauernaschen Vaart, die bei km 12, etwa auf der Hälfte der Kanalstrecke, mit dem Zijkanaal D nach Steuerbord abgeht.

Die Waage ist das berühmteste Gebäude Alkmaars. Auf dem gleichnamigen Platz findet der Käsemarkt statt.

Nach wenigen Metern gelangt man zur Nauernasluis (täglich 9–16.30 Uhr). Wundern Sie sich nicht, wenn über Ihrem Kopf Flugzeuge kreisen, denn die Schleuse befindet sich in einer der Anflugschneisen des Amsterdamer Flughafens Schiphol. Man muss die denkmalgeschützte Nauernasluis von 1632 spätestens um 16.15 Uhr passieren, um am gleichen Tag noch Alkmaar zu erreichen. Wer zu spät kommt, kann bei den Brücken unterwegs an einem der Anlegeplätze warten.

Hinter der Schleuse folgt die pure Landidylle: gefleckte Kühe, Schafe, Pferde, Schwäne und Gänse, die sich friedlich auf den ausgedehnten Wiesen und Weiden tummeln. In der Ferne sieht man ab und an einen hohen Wasserturm. Bei einem Dorf mit dem seltsamen Namen Vrouwenverdriet (Frauenkummer) kommt die nächste Brücke (gleiche Bedienungszeit wie Nauernasluis). Die drei Brücken im darauffolgenden größeren Ort, Krommenie, werden fernbedient: jeweils 10 Minuten nach und 20 Minuten vor jeder vollen Stunde zwischen 9 und 17 Uhr. In Woudaap bei der Windmühle gilt es, nach Steuerbord abzudrehen und die Reise nach einer weiteren Abzweigung in nördlicher Richtung fortzusetzen, bis Sie zur Einfahrt in die Enge Stierop kommen, die in das Alkmaardermeer führt. Den See sollten Sie entlang der Markierungen durchqueren, bis Sie an dessen nordwestlichem Ende den Noordhollandsch Kanaal erreichen. Nach der hohen

Leeghwaterbrug führt der Kanal in einer weiten Linkskurve direkt ins Zentrum von Alkmaar.

Alkmaar

Hunderte Touristen strömen jeden Freitag nach Alkmaar, wenn auf dem Waagplein die rund 2000 gelben Käselaibe zum Wiegen gestapelt werden und das Glockenspiel den weltberühmten Käsemarkt eröffnet. Die Stadt besitzt seit dem 14. Jahrhundert eine Käsewaage. Doch der Gouda und der Edamer stammen längst nicht mehr aus dieser Gegend. Für das Touristenspektakel werden die Laibe gegenwärtig frühmorgens mit großen Lastwagen in die Stadt transportiert, damit die weißgekleideten Träger mit ihren farbigen Hüten sie nach dem Wiegen auf an Lederriemen befestigten Bahren zum Käufer bringen können. Diese alte Tradition wird heute vor allem für die (ausländischen) Gäste aufrechterhalten. Trotzdem ist es sehr unterhaltsam, sich das Treiben auf dem ältesten Käsemarkt der Welt aus nächster Nähe anzusehen. Wer sein Wissen vertiefen möchte, kann dies im Käsemuseum tun (ebenfalls auf dem Waagplein).

Alkmaar ist ein hübsches altholländisches Städtchen mit Grachten, schmalen Gassen und vielen historischen Giebelhäusern aus der Zeit, als es ein wichtiges Handels- und Marktzentrum war. Die schönsten Exemplare finden sich rund um den Waagplein und entlang der Mient. Im Appelsteeg steht ein blau bemaltes Holzhaus mit einem Giebel aus Stein, eine in dieser Stadt typische Bauweise des 16. Jahrhunderts. Man bezeichnet das Gebäude als »Haus mit der Kugel«. Tatsächlich steckt seit 1537 eine Kanonenkugel im Giebel. Von der Brücke vor diesem Haus hat man die beste Sicht auf den Waagplein.

Eingangstreppe zu dem im 16. Jahrhundert gebauten Rathaus von Alkmaar.

Pierre Cupyers, der Architekt des Amsterdamer Hauptbahnhofs und des *Rijksmuseum* hat im 19. Jahrhundert auch die katholische St. Laurentiuskirche in Alkmaar gebaut. Es ist eine spätgotische Kreuzbasilika mit einem hölzernen Tonnengewölbe und Wandreliefs aus Maastrichter Mergel. Ein anderes interessantes Gotteshaus ist die protestantische Kapelkerk. Diese im Brabanter

Der Noordhollansch Kanaal verbindet Alkmaar mit dem nördlichen Teil der Provinz Noord-Holland.

Gotikstil des 16. Jahrhunderts errichtete Kirche hat eine prächtige Kanzel und eine Müller-Orgel.

An der Bierkade steht ein viereckiger Backsteinturm mit Uhr: In diesem *Accijnstoren* aus dem Jahre 1622 mussten die Händler damals ihre eingeführten Güter angeben, damit die Beamten die Höhe der zu entrichtenden Steuern bestimmen konnten. Ferner finden sich in der Grachtenstadt zahlreiche alte Mühlen, die besichtigt werden können.

Einkaufen kann man auf der Langestraat, wo es auch Supermärkte gibt. Am Samstag wird auf dem Kerkplein ein biologischer Gemüse- und Obstmarkt abgehalten.

Beim Verlassen von Alkmaar bleibt man auf dem Noordhollandsch Kanaal. Diese Wasserstraße führt unweit der Nordsee durchs Dünengebiet. Unterwegs fahren Sie an zahlreichen historischen Mühlen und hochmodernen Windturbinen vorbei. In den verschlafen wirkenden Dörfern links und rechts des Kanals gibt es immer wieder Möglichkeiten zum Essen und Trinken, oft direkt am Wasser. An mehreren Anlegestellen kann man haltmachen, um eine kleine Fahrradtour durch die Dünen bis an die Nordsee zu unternehmen oder sich einen der Orte näher anzusehen.

Bergen

Es lohnt sich, einen Abstecher in das alte Künstlerdorf Bergen Binnen (etwa 4 km nördlich von Alkmaar) zu machen. Ab 1900 zogen viele Maler wie etwa Charley Toorop oder John Rädecker hierher. Sie liebten das gute Licht und fühlten sich in der Nähe des Meeres zwischen Kiefernwäldern und Dünen sehr wohl. Der Stil ihrer expressionistisch-kubistischen Werke wird heute als *Bergense School* bezeichnet. Im *Stedelijk Museum Alkmaar* sind viele ihrer Werke zu sehen. Die meisten Künstler sind inzwischen verstorben oder weggezogen, aber einige ihrer hübschen Villen (etwa am Buerweg) hinter den hohen Bäumen blieben erhalten.

Auf der Weiterfahrt in Richtung Norden kommen Sie an Schoorl vorbei, der »Dünenhochburg« schlechthin. Nirgendwo sonst in den

Touristen essen gern ein Eis im Zentrum des Künstlerdorfs Bergen Binnen.

Niederlanden ragen die *Hollandse Bergen* so hoch in den Himmel. Mit 54 m ist die *Radarduin* die höchste Düne. Unterwegs nach Den Helder passieren Sie mehrere Floßbrücken, die fernbedient werden (Mo–Fr 6–22, Sa 9–18, So bis 19 Uhr). Bei diesen *vlotbruggen* öffnen sich die Brückenteile nicht wie üblich vertikal, sondern horizontal. Sobald Sie hoch oben im Norden die hohe Kooyburg passiert haben, biegt der Noordhollandsch Kanaal auf der Backbordseite nach Den Helder ab.

Den Helder

Der feuerrote *Lange Jaap* begrüßt Reisende schon aus weiter Ferne. Dieser 16-seitige Leuchtturm von Den Helder ist mit seinen 63 m der höchste gusseiserne Turm Europas. Für viele Marineangehörige ist er ein Symbol der Heimkehr, denn in der nördlichsten Gemeinde der Provinz Noordholland hat die niederländische Flotte ihren Hauptstützpunkt. Matrosen, Docks und die Schiffe der *Koninklijke Marine* dominieren das Straßenbild in Den Helder. Das Marinemuseum bietet den entsprechenden geschichtlichen Hintergrund samt Unterseeboot und Minenjäger. Im Juli, wenn die *Marinedagen* abgehalten werden, können viele Schiffe besichtigt werden.

Eine militärische Funktion hatte die Stadt schon immer. Da sie an drei Seiten von Wasser umgeben ist, war ihre Lage ideal zur Bewachung der alten Zuiderzeeroute nach Amsterdam. Napoleon ließ hier mehrere Verteidigungsforts bauen, die teilweise noch erhalten sind und – wie beispielsweise Fort Kijkduin – besichtigt werden können.

Im Zweiten Weltkrieg wurde die Innenstadt weitgehend zerstört. Da nur ein Teil wieder im alten Stil aufgebaut wurde, hat man heute das

Am Stadtrand von Den Helder gibt es mehrere Anlegemöglichkeiten für Hausboote.

Gefühl, in einer modernen Stadt zu sein. Doch es gibt noch einige Beispiele aus der Blütezeit Den Helders im 19. Jahrhundert, etwa die imposante Nieuwe Kerk. In dieser Saalkirche mit gusseisernen Säulen haben 1500 Menschen Platz. Früher waren immer ein paar Stühle für Marineangehörige reserviert, für welche die Admiraliät auch bezahlte. Nach einer antimilitärischen Predigt 1899 wurden die Vergütungen jedoch eingestellt, und vorübergehend verbot die Marineleitung sogar den Besuch eines Gottesdienstes.

In der Kroonpassage und darum herum gibt es eine Vielzahl von Einkaufsmöglichkeiten, und an der Beatrixstraat kann man am Samstag auf dem Markt frische Lebensmittel bekommen.

Sie verlassen Den Helder auf der gleichen Strecke, auf der Sie gekommen sind. Doch nun folgt man bei der Kooybrug nicht dem Noordhollandsch Kanaal, sondern fährt in den Balgzandkanaal, an dessen Eingang die Schleuse (Mo–So 6–7.15, 8–16, 16.45–22, Do 6–7.15, 8–22, So 9–19 Uhr) passiert werden muss. Dieser Kanal führt am Wattenmeer entlang und mündet bei der Balgzandbrug ins Amstelmeer. Überqueren Sie diesen See in der markierten Fahrrinne von Nordwest nach Südwest und biegen Sie danach in den Waardkanaal ein. Nach einer kurzen Fahrt erreicht man die Ulkesluis (Mo–Sa 8.30–12.30, 13–17 Uhr, So geschlossen). Nach dieser Schleusung geht die Reise auf dem Waardkanaal weiter bis zu einem kleinen Dreiecksee, der *Pishoek* (»Pissecke«) genannt wird. Dort gibt es eine Anlegestelle für maximal drei Tage. Sie haben hier die Möglichkeit, mit dem Rad einen Abstecher zu den Tulpenfeldern zwischen den Dörfern Anna Paulowna und Breezand zu machen. Vor allem im Frühling, wenn die niederländische

Der Turm der Grote Kerk auf dem Marktplatz in Schagen ist weithin sichtbar.

Nationalblume blüht, lohnt sich dieser Ausflug sehr. Es gibt sonst nirgendwo auf der Welt so viele zusammenhängende Tulpenfelder, die übrigens allesamt der Zucht von Tulpenzwiebeln dienen.

Nach dem *Pishoek* müssen Sie die Nieuwesluizerbrug (gleiche Zeiten wie bei der Schleuse) passieren und kurz vor dem Abdrehen in den Schagerkoggekanal die Waardbrug (Mo–Sa 9–18, So bis 19 Uhr). Danach setzt man die Route entlang den Markierungen fort bis zur Molenkolksluis (gleiche Zeiten wie Waardbrug). Es folgen noch ein paar hohe Brücken und dann ist man in Schagen.

Schagen

Das Städtchen war schon früh ein erfolgreiches Marktzentrum, in dem sich Handwerker und Händler niederließen. 1415 wurden dem Ort die Stadtrechte verliehen. Die beiden größten Sehenswürdigkeiten sind die Grote Kerk auf dem Marktplatz sowie die (wiederaufgebaute) viereckige Wasserburg mit den beiden dicken hohen Türmen: *Slot Schagen*. Im Rittersaal dieser ehemaligen Festung geben sich heute Brautleute das Jawort.

Rund um den Markplatz finden sich viele Cafés und Geschäfte, und am Donnerstagmorgen wird auf der *Gedempte Gracht* ein Gemüse- und Früchtemarkt abgehalten.

Für die Rückreise verlassen Sie den Ort in westlicher Richtung und drehen bei der Stolperbrug in den Noordhollandsch Kanaal ein, auf dem Sie bis nach Alkmaar bleiben. Von dort fahren Sie auf der gleichen Strecke wie beim Hinweg nach Amsterdam zurück.

Praktische Informationen

Bootsvermieter

Friesland

Sneek

- Yacht Charter Sneek: Jan Kuipersweg 5–7, 8606 KD Sneek www.yachtchartersneek.nl. Hausboote mit bis zu 10 Schlafplätzen.
- Hospes Jachtverhuur: Burg. De Hooppark 3, 8605 CR Sneek www.hospes.nl. Hausboote mit bis zu 4 Schlafplätzen.
- Kroon Yacht Service: Zwolsmanweg 10, 8606 KC Sneek www.kroon-yacht.nl. Hausboote mit bis zu 4 Schlafplätzen.
- Van Straten Yachtcharter: Hendrik Bulthuisweg 13, 8606 KB Sneek www.yachtcharter-vanstraten.nl. Hausboote mit bis zu 8 Schlafplätzen.
- Holiday Boatin Yachtcharter: Eeltjesbaasweg 3, 8606 KA Sneek www.holidayboatin.nl. Hausboote mit bis zu 6 Schlafplätzen.
- Centerpoint Charters: Hendrik Bulthuisweg 15, 8606 KB Sneek www.centerpoint.nl. Hausboote mit bis zu 10 Schlafplätzen.

Lemmer

- Stoeten Motorjachten: Uitheyning 7, 8531 XJ Lemmer www.stoeten.com. Hausboote mit bis zu 12 Schlafplätzen.
- De Brekken: Brekkenweg 10, 8531 PM Lemmer www.bekken.nl., Hausboote mit bis zu 8 Schlafplätzen.

Groningen

Groningen

- Bootverhuur Groningerland: Windsumerdiep 6, 9951 CG Winsum www.bootverhuur-groningerland.nl. Hausboote mit bis zu 5 Schlafplätzen. Einwegmiete in der Nebensaison gegen Aufpreis möglich.
- Starke Yachtcharter: Papierbaan 47, 9672 BG Winschoten www.starkeyachtcharter.nl. 1 Hausboot mit 4 Schlafplätzen.
- Bootverhuur Lauwersmeer: Churchillweg 6, 9974 PC Zoutkamp www.bootverhuurlauwersmeer.nl. 2 Hausboote mit je 6 Schlafplätzen.

Westfriesland und Flevopolder

Kampen

- Jachtcharter Panorama: Wolvenjacht 2, 8064 PB Zwartsluis www.charter-panorama.nl. Hausboote mit bis zu 10 Schlafplätzen.
- Yacht Charter Baaten: Expansie 36, 8361 GA Marknesse www.yachtcharterbaaten.nl. Hausboote mit bis zu 8 Schlafplätzen.
- Aqua Doerak: Dijk 10, 1721 AE Broek op Langedijk www.aquadoerak.nl. 2 Hausboote mit bis zu 8 Schlafplätzen.
- Ebim: Wilgenlaasn 41, 3645 EM Vinkeveen www.ebim-verhuur.nl. Hausboote mit bis zu 4 Schlafplätzen.

Holland oder Niederlande?

Man spricht sowohl von Holland als auch von den Niederlanden. Mit Holland sind jedoch streng genommen nur die beiden Provinzen Noord- und Zuidholland gemeint, die allerdings am dichtesten besiedelt sind und eine wichtige Rolle im kulturellen, wirtschaftlichen und politischen Leben der Niederlande spielen. Aber es gibt noch weitere zehn Provinzen – ein Limburger etwa empfindet die Bezeichnung »Holländer« als Beleidigung. Und ein Mann aus der Nordprovinz Friesland sagte einmal im niederländischen Fernsehen, als er von einem Mann aus Amsterdam erzählte: »Ach, das war so ein Holländer.« Mit andern Worten: Wenn es das ganze Land betrifft, sollte man von den »Niederlanden« und »Niederländern« sprechen.
Doch keine Regel ohne Ausnahme: Dies alles gilt nicht, wenn es um eine Fußball-EM oder WM geht. Dann unterstützen alle von Maastricht bis Groningen das niederländische Team mit dem Schlachtruf hup Holland hup!

Anbieter, die in deutschsprachigen Ländern Hausboote in den Niederlanden anbieten:

- www.leboat.de
- www.hausboot.de
- www.charterboat24.com
- www.adac.de/reise_freizeit/wassersport/yachtcharter-suche
- www.marinatravel.ch
- www.hausboot-boeckl.at

Häfen

Die angegebenen Hafenpreise gelten pro Längenmeter des Bootes. Praktisch überall wird zusätzlich zum Hafengeld pro Person und Tag etwa 1 Euro an Touristensteuer berechnet. Wenn nicht anders vermerkt, gibt es (kostenpflichtige) Wasser- und Stromanschlüsse an der Anlegestelle.

Friesland

Akkrum

Jachthaven Tusken De Marren, Utwei 31, www.drijfveer.nl, 1 Euro, Chemieklo-Entsorgungsstelle, Zapfstelle für Schmutzwassertank, WLAN.

Blokzijl

Jachthaven Blokzijl, De Rietvink 3, directie@swrs.nl, 1 Euro, Chemieklo-Entsorgungsstelle, Zapfstelle für Schmutzwassertank, Supermarkt, Restaurant, Schwimmbad.

Bolsward

Im Städtchen Bolsward gibt es diverse Anlegemöglichkeiten an den Grachten. www.bolsward.nl, 1,35 Euro, Zapfstelle für Schmutzwassertank. Beim Kruiswater und bei der Gysbert Japicxlaan befinden sich Duschen und Toiletten, und an der Gleibakkerij stehen eine Waschmaschine und ein Wäschetrockner zur Verfügung. Die entsprechenden Zugangskarten für diese Anlagen bekommen Sie vom Hafenmeister oder vom Brückenwärter. Das Büro des

Hafenmeisters ist an der Jongemastraat 2, tanken und Wasser zapfen können Sie bei der Tankstelle »De Kroon« bei der Blauwpoortsbrug.

Franeker

Franeker Watersport Vereniging, Van Harinxmakanaal, www.franekerwatersportvereniging.nl, 1 Euro, Geschäft mit Wassersportartikeln, Zapfstelle für Schmutzwassertank.

Heeg

Jachthaven Eendracht, It Eilân 68, www.jachthaveneendracht.nl, 1,25 Euro, Tankstelle, Chemieklo-Entsorgungsstelle, Zapfstelle für Schmutzwassertank, Restaurant, WLAN.

Heerenveen

Jachthaven de Welle, Hearrenfeanster Kanaal, www.dehwn.nl, 0,60 Euro, Tankstelle, Chemieklo-Entsorgungsstelle, Zapfstelle für Schmutzwassertank und Bilgenwasser, WLAN.

Hindeloopen

Jachthaven Hindeloopen (Binnenhaven), Suderseewei 4, www.skipsmaritiem.nl, 1 Euro.

Joure

Passantenhaven Joure, Grienedyk 6a, grienedijk@wxs.nl, 1,10 Euro, Chemieklo-Entsorgungsstelle, Zapfstelle für Schmutzwassertank, Restaurant, WLAN.

Langweer

Passantenhaven, Pondijk 2, www.phlangweer.nl, 1,10 Euro, Chemieklo-Entsorgungsstelle, Zapfstelle für Schmutzwassertank.

Leeuwarden

Leeuwarder Jachthaven, Jachthavenlaan 3, www.leeuwarderjachthaven.nl, 1,05 Euro, Tankstelle, Geschäft mit Wassersportartikeln, Chemieklo-Entsorgungsstelle, Zapfstelle für Schmutzwassertank.

Lemmer

Jachthaven Iselmar, Plattedijk 16, www.iselmar.nl, 1,25 Euro, Chemieklo-Entsorgungsstelle, Zapfstelle für Schmutzwassertank, Schwimmbad, Restaurant, WLAN.

Makkum

Jachthaven Seabell, Munniksplaat 12, www.seabell.nl, 1,10 Euro, WLAN.

Schokkerhaven

Marina Schokkerhaven, Schokkerhaven 2, Nagele, www.jachtservice.com, 1,70 Euro, Tankstelle, Chemieklo-Entsorgungsstelle, Zapfstelle für Schmutzwassertank, Restaurant, WLAN.

Sneek

- Jachthaven Aquanaut, G. Cuperus, www.aquanaut.nl, 1 Euro, Zapfstelle für Schmutzwassertank, Tankstelle.
- Jachthaven De Domp, De Domp 4, www.dedomp.nl, 1,50 Euro, zusätzlich 2 Euro pro Nacht inklusive Touristensteuer und Dusche pro Person ab 13 Jahren, 4–12-Jährige 1 Euro, Chemieklo-Entsorgungsstelle, Restaurant, WLAN.
- Sneeker Jachthaven, Burg. De Hooppark 2a, www.sneekerjachthaven.nl, 1,10 Euro, WLAN.

Stavoren
Marina Stavoren, Suderstrand 2, www.skipsmaritiem.nl, 1,85 Euro, Tankstelle, Chemieklo-Entsorgungsstelle, Zapfstelle für Schmutzwassertank, Geschäft mit Wassersportartikeln, Restaurant, Supermarkt, WLAN.

Steenwijk
Stichting Waterrecreatie Steenwijkerland, Anlegestellen im Stadtzentrum, directie@swrs.nl, 1 Euro, Tankstelle, Chemieklo-Entsorgungsstelle, Zapfstelle für Schmutzwassertank, Supermarkt, Restaurant.

Terherne
Watersportbedrijf De Horne, Syl 12, www.jachtbemiddeling.com, 1 Euro, Tankstelle.

Urk
Gemeende Haven Urk, Singel 9, www.havendiensturk.nl, 1,12 Euro, Tankstelle, Chemieklo-Entsorgungsstelle, Zapfstelle für Schmutzwassertank, Supermarkt, Restaurant, WLAN.

Workum
Jachthaven It Soal, Sûdserséleane 23–27, www.itsoal.nl, 1,50 Euro, Tankstelle, Chemieklo-Entsorgungsstelle, Zapfstelle für Schmutzwassertank, Restaurant, Supermarkt, WLAN.

Woudsend
Schraa Watersport, de Welle, www.schraawatersport.nl, 0,75 Euro, Chemieklo-Entsorgungsstelle, Zapfstelle für Schmutzwassertank.

Zwartsluis
Jachthaven De Kranerweerd B.V., Het Oude Diep 5–7, www.kranerweerd.nl, 1 Euro, Tankstelle, Chemieklo-Entsorgungsstelle, Zapfstelle für Schmutzwassertank, Geschäft mit Wassersportartikeln, Restaurant, WLAN.

Fahren oder varen
Das niederländische *varen* bezieht sich einzig und allein auf die Fortbewegung von Schiffen und Booten. Für Autos, Fahrräder und andere Straßenfahrzeuge wird das Wort *rijden* verwendet. In der deutschen Sprache wird kein Unterschied gemacht. Für niederländische Ohren klingt es jedoch furchtbar lustig, wenn jemand *varen* im Zusammenhang mit einem Rad benutzt.

Groningen

Assen
Passantenhaven Kloosterveen, Drenthsche Hoofdvaart, www.assen.nl, 5 Euro pro Boot.

Dokkum
In der Dokkumer Innenstadt gibt es mehrere Anlegemöglichkeiten, Tarife variieren von 3,40 Euro für ein 5 m langes Boot bis ca. 20 Euro für eine 18-m-Motoryacht. Zapfstelle für Schmutzwassertank, WLAN.

Groningen
Groninger Motorbootclub, südlich der Oostersluis am Nordufer des Eemskanaal, www.groningermotorbootclub.nl, 0,60 Euro, Chemieklo-Entsorgungsstelle, Zapfstelle für Schmutzwassertank, WLAN.

Kampen
W.V.S. De Buitenhaven, Havenweg 1, www.wvsdebuitenhaven.nl, 1 Euro, Tankstelle, Chemieklo-Entsorgungsstelle, Geschäft mit Wassersportartikeln, Zapfstelle für Schmutzwassertank.

Leeuwarden
Leeuwarder Jachthaven, Jachthavenlaan 3, www.leeuwarderjachthaven.nl, 1,05 Euro, Tankstelle, Geschäft mit Wassersportartikeln, Chemieklo-Entsorgungsstelle, Zapfstelle für Schmutzwassertank.

Meppel
Jachthaven Meppel, Zomerdijk 35, www.jachthavenmeppel.nl, 1 Euro, WLAN.

Stadskanaal
Jachthaven Spoordok Musselkanaal, www.stadskanaal.nl, 0,75 Euro, Chemieklo-Entsorgungsstelle, Zapfstelle für Schmutzwassertank.

Strobos/Gerkesklooster
Passantenhaven De Landbrug, Groningerstreek 30, www.jachtservice.org, 2 Euro pro Nacht, Tankstelle, Geschäft mit Wassersportartikeln.

Windschoten
Jachthaven de Rensel, Grintweg 86, www.renselhaven.com, 0,75 Euro, Chemieklo-Entsorgungsstelle, Zapfstelle für Schmutzwassertank.

Zwartsluis
Jachthaven De Kranerweerd B.V., Het Oude Diep 5–7, www.kranerweerd.nl, 1 Euro, Tankstelle, Chemieklo-Entsorgungsstelle, Zapfstelle für Schmutzwassertank und Bilgenwasser, Restaurant, WLAN.

Zwolle
Jachthaven Terra Nautic, Vechtdijk 1, www.terranautic.nl, 1 Euro, Chemieklo-Entsorgungsstelle, WLAN.

Westfriesland und Flevopolder

Alkmaar
An den Ufern der Stadtgrachten kann man mit Schiffen bis 10 m anlegen. www.alkmaar.nl/23656/watertoerisme, 0,85 Euro, Zapfstelle für Schmutzwassertank.

Almere-Haven
W.S.V. Almere-Haven, Sluiskade 11, www.wsvalmerehaven.nl, 1,50 Euro, Chemieklo-Entsorgungsstelle, Zapfstelle für Schmutzwassertank, Restaurant, WLAN.

Amsterdam
Sixhaven, Sixhavenweg 15, www.sixhaven.nl, 10 Euro für Boote bis 6 m, 12 Euro für 8 m usw., Chemieklo-Entsorgungsstelle, WLAN.

Biddinghuizen
V.S.V. Biddinghuizen, Aan de Hoge Vaart, www.havenbiddinghuizen.nl, 5 Euro pro Boot, Tankstelle, Chemieklo-Entsorgungsstelle, Zapfstelle für Schmutzwassertank, WLAN.

Den Helder
Gemeentelijke Havendienst Den Helder, Nieuwe Diep 33, www.havendenhelder.nl, 1,05 Euro, Chemieklo-Entsorgungsstelle, Zapfstelle für Schmutzwassertank, Restaurant.

De Rijp (Beemster-Polder)
WSV Elandspolder, Meelzak 14, www.wsveilandspolder.nl, 0,80 Euro, Geschäft mit Wassersportartikeln.

Harderwijk
Vissershaven, Havendam 56, www.harderwijk.nl, 1 Euro, Tankstelle, Chemieklo-Entsorgungsstelle, Zapfstelle für Schmutzwassertank, Geschäft mit Wassersportartikeln, Supermarkt, Restaurant, WLAN.

Kampen
W.S.V. De Buitenhaven, Havenweg 1, www.wsvdebuitenhaven.nl, 1 Euro, Tankstelle, Chemieklo-Entsorgungsstelle, Zapfstelle für Schmutzwassertank.

Lelystad
W.V. Lelystad, Houtribhaven 2, www.wvlelystad.nl, 1,35 Euro, Chemieklo-Entsorgungsstelle, Zapfstelle für Schmutzwassertank, Restaurant, WLAN.

Schagen
Recreatie Haven Schagen, Lagedijkerweg 2b, www.recreatiehavenschagen.nl, 0,80 Euro, Chemieklo-Entsorgungsstelle, Zapfstelle für Schmutzwassertank, WLAN.

Spakenburg
W.S.V. De Eendracht, Kerkemaat 12, www.wsvdeeendracht.nl, 1,25 Euro, Tankstelle, Chemieklo-Entsorgungsstelle, Zapfstelle für Schmutzwassertank.

Hotels in Abfahrtsorten

Friesland

Sneek
- Hotel Nieuw Hanenburg, Wijde Noorderhorne 2, www.nieuwhanenburg.nl
- Hotel De Daaldersplaats, Stationsstraat 66, www.daaldersplaats.nl
- Hotel De Wijnberg, Markstraat 23, www.hoteldewijnberg.nl

Lemmer
- Hotel Iselmar, Plattedijk 16, www.iselmar.nl
- Hotel It Heechhûs, Vissersburen 14, www.hotellemmer.nl

Groningen

Groningen
- Hampshire Hotel-Plaza, Laan Corpus den Hoorn 300, www.meerwold.nl

- Martini Hotel Groningen, Gedempte Zuiderdiep 8, www.martinihotel.nl
- Mercure Hotel Groningen Martiniplaza, Expositielaan 7, www.accorhotels.com

Westfriesland und Flevopolder

Kampen

- Hotel van Dijk, IJsselkade 30, www.hotelvandijk.nl
- Bed & Breakfast D'Haringbuys, Uitenhage de Miststraat 23, www.overnachten.biz

Amsterdam

- The Bridge Hotel, Amstel 107–111, www.thebridgehotel.nl
- Bellevue Hotel Amsterdam, Martelaarsgracht 10, www.bellevuehotel.nl
- Lloyd Hotel, Oostelijke Handelskade 34, www.lloydhotel.com
- Hotel Casa 400, Eerste Ringdijkstraat 4, www.hotelcasa400.nl

Restaurants

Friesland

Akkrum

- Hotel Restaurant Goerres, Kanadeeskestrjitte 45, www.goerres.nl

Blokzijl

- Auberge und Restaurant Aan het Hof, Kerkstraat 9, www.aubergeaanhethof.nl
- Café Restaurant Sluiszicht, Zuiderstraat 2–4, www.sluiszichtblokzijl.nl
- Kaatje bij de Sluis, Brouwerstraat 20, www.kaatje.nl

Bolsward

- Grand Café Het Praethuys, Jongemanstraat 19, www.hetpraethuysbolsward.nl
- Grand Café Hotel de Wijnberg, Marktplein 5, www.wijnbergbolsward.nl

Franeker

- Grandcafé De Doelen, Breedeplaats 6, www.dedoelen-franeker.nl
- Studentencafé De Bogt, Vijverstraat 1, www.debogt.nl

Heeg

- Jonas in den Walvis, Syl 12, www.restaurantjonas.nl
- Weduwe Harinxma, Harinxmastrjitte 40, www.weduweharinxma.nl

Heerenveen

- De Koningshof, Prinsenweg 1, www.dekoningshof.nl
- Het Ambacht, Falkenaweg 56, www.restaurant-hetambacht.nl
- Stadscafé Oenemastate, Gemeenteplein 33

Hindeloopen

- Café-Restaurant Ame Gijs, 't Oost 8, www.amegijs.nl
- De Drie Harinkjes, Buren 37–39, www.dedrieharinkjes.nl
- Eetcafé Haiven 54, Buren 54, www.haiven54.nl

IJlst
- Stadsherberg Het Wapen van IJlst, Galamagracht 2, www.wapenvanijlst.nl

Joure
- Brasserie-Restaurant 't Gasthuys, De Merk 13, www.tgasthuys.nl

Langweer
- Brasserie Anders, Buorren 20, www.brasserieanders.nl
- Landhotel Legemeer, Legemeersterweg 1a, www.logereninfriesland.nl

Leeuwarden
- Coffee Club De Waag, Nieuwestrad 148, www.etenbestellen.nl
- Bio-Restaurant By Ús, Over de Kelders 24, www.restaurantby-us.nl
- Brasserie Laurens, Tweebaksmarkt 25–27, www.post-plaza.nl
- Grand Café Restaurant De Koperen Tuin, Prinsentuin 1, www.dekoperentuin.nl

Lemmer
- Café Restaurant 't Baken, Vuurtorenweg 19a, www.caférestaurantbaken.nl
- De Lemster Baai, Vuurtorenweg 17B, www.restaurant.lemsterbaai.nl

Makkum
- It Posthûs, Plein 15, www.itposthus.nl

Sneek
- De Kajuit, Jachthaven De Domp1, www.dekajuit.com
- De Kastanje, Grote Kerkstraat 12–14, www.dekastanjesneek.nl
- Onder de Linden, Marktstraat 30, www.restaurantonderdelinden.nl

Stavoren
- De Hobbelschuit, Havenweg 14, www.dehobbelschuit.nl
- Grand Café-Pizzeria De Kruitmolen, Stadsfenne 21, www.de-kruitmolen.nl
- Hotel-Restaurant De Vrouwe van Stavoren, Havenweg 1, www.hotel-vrouwevanstavoren.nl

Steenwijk
- Brasserie Het Pakhuys, Woldpromenade 27, www.brasseriehetpakhuys.nl

Terherne
- Eetcafé Portunus, Syl 12a, www.portunus.nl
- Het Meer van Lenten, Utbuorren 50, www.meervanlenten.nl

Urk
- Het Achterhuis, Burgemeester J. Schipperskade 2, www.hetachterhuis.nl

Witmarsum
- Otterbar, Pingjumerstraat 21, www.otterbar.nl

Workum
- Restaurant Séburch, Séburch 9, www.seburch.nl

Woudsend
- De Watersport, Iewal 14, www.dewatersport.nl
- 't Ponkje, Fermaningsteech 1, www.ponkje.nl

Zwartsluis
- Restaurant de Combuijs, De Vlakte 20, www.hotel-zwartewater.nl

Groningen

Assen
- Poort van Assen, Weierspoort 27, www.poortvanassen.nl
- Restaurant Grand Café Liff, Brink 14, www.liffinassen.nl

Dokkum
- Dinercafé De Zaak, Boterstraat 7, www.dezaakdokkum.nl

Groningen
- Bistro Bacchus, Veemarktstraat 96, www.bacchusbistro.nl
- Café Restaurant Goudkantoor, Waagplein 1, www.goudkantoor.nl
- De Zevende Hemel, Zuiderkerkstraat 7, www.zevendehemel.nl
- Voilà, W.A. Scholtenstraat 39, www.restaurantvoila.nl

Kampen
- Binnen eten & drinken, Nieuwe Markt 1, www.binnenetenendrinken.nl
- De Bottermarck, Broederstraat 23, www.debottermarck.nl

Meppel
- Restaurant De 3 Kalkovens, Steenweijkerstraatweg 98, www.dedriekalkovens.nl
- Grand Café De Wheem, De Wheem 1, www.wheem.nl

Stadskanaal
- Hoekzema, Hoofdstraat 7, www.restauranthoekzema.nl

Winschoten
- Backhuys, Langestraat 96, www.backhuys.nl
- 't Oldambt, Visserdijk 27, www.restaurant-oldambt.nl

Zuidlaren
- Eetcafé De Beuk, De Millystraat 8, www.Cafédebeuk.nl

Zwolle
- Bistro De Buik van Parijs, Willemskade 6, www.buikvanparijs.nl
- Restaurant de Librije, Broerenkerkplein 13–15, www.librije.com
- Tapas & Pizza, Van Ittersumstraat 112, www.tapasenpizza.nl

Westfriesland und Flevopolder

Akkrum
- Café Kromme Knilles, Heechein 42, www.krommeknilles.nl

Alkmaar
- Eetcafé Ereburger, Dijk 21, www.rescafeereburger.nl
- 't Stokpaardje, Vrouwenstraat 1, www.stokpaardjealkmaar.nl

Almere-Haven
- Café Restaurant Voor Pampus, Marinaweg 4, www.voorpampus.nl
- Vanas, Kerkgracht 6, www.vanas-thaisrestaurant.nl

Amsterdam
- Boot-Restaurant Odessa, Veemkade 259, www.de-odessa.nl
- Café Restaurant Stork, Gedempt Hamerkanaal t/o 96, www.restaurantstork.nl

- Hotel de Goudfazant, Aambeeldstraat 10 H, www.hoteldegoudfazant.nl
- Pier 10, De Ruyterkade, Steiger 10, www.pier10.nl
- Restaurant Open, Westerdoksplein 20, www.open.nl

Biddinghuizen
- De Klink, Bremerbergdijk 27, www.deklink.nl

Den Helder
- De Razende Bol, Nieuwe Diep 27C, www.eethuisderazendebol.nl
- Spijz, Koningstraat 70/Prinsenstraat 1, www.spijz.nl

Harderwijk
- Ratatouille, Vischmarkt 6, www.rttll.nl

Lelystad
- Bistro Jan Goos, Parkhaven 9, www.bistro-jangoos.nl
- Yacht Club Lelystad Haven, Oostvaardersdijk 59e, www.yachtclublelystadhaven.nl

Schagen
- Tov, Leot 8, www.restauranttov.nl

Spakenburg
- De Mandemaaker, Kerkstraat 103, www.demandemaaker.nl

Sehenswürdigkeiten

Friesland

Akkrum
- Täuferkirche, Buorren 1
- Reformierte Terptsjerke, Om e Toer 4

Blokzijl
- Kanone und historische Giebelhäuser am Hafen

Bolsward
- Besucherzentrum Sonnema Berenburg, Stoombootkade 12, www.sonnema.nl
- Martinikerk, Groot Kerkhof 26, www.martinikerkbolsward.nl
- Stadhuis, Jongemastraat 2

Franeker
- Wochenmarkt, Breedeplaats
- Kaatsmuseum, Voorstraat 2, www.museum.nl
- Planetarium Eise, Eisingastraat 3, www.planetarium-friesland.nl
- Rathaus, Raadhuisplein, www.franekeradeel.nl

Heeg
- De Helling, Geschichte des Aalhandels, It Eilân 6a, www.dehelling.info
- Bäckerei Terpstra, Harinxmastrjitte 46

Heerenveen
- Crackstate, Oude Koemarkt 14, www.stinseninfriesland.nl
- Bäckerei Boonstra, Van Kleffenslaan 6, www.bakkerijboonstra.nl

Hindeloopen

- Museum Hindeloopen, Dijkweg 1, www.museumhindeloopen.nl
- Sylhûs, Schleusenwärterwohnung mit »Lügenbank«, 't Oost 12
- Naturschutzgebiet Bocht fan Molkwar (zwischen Molkwar und Hindeloopen), www.natuurkaart.nl

IJlst

- Sägemühle de Rat, Sneekerpad 18, www.houtzaagmolenderat.nl

Joure

- Ballonfest, www.ballonfeesten.nl
- Museum Joure, Geelgietersstraat 1–11, www.museumjoure.nl
- Rathaus, Herema State 1, www.skarsterlan.nl
- Skûtsjessilen, www.skutjessilen.nl
- Segelschiff von Joure, www.jousterskutsjse.nl
- Penninga's Molen, Molenweg 55, www.molendatabase.nl
- Grüne Mühle, Groene Dijk 5, www.molendatabase.nl

Langweer

- Reformierte Kirche, Oasingaleane 9, www.pknlangweer.nl
- Herrenhaus, Osinga State, Oasingaleane 17, www.stinseninfriesland.nl

Leeuwarden

- Hotel-Paleis Stadhouderlijk Hof, Hofplein 29, www.hotelstadhouderlijkhof.nl
- Fries Museum, Wilhelminaplein 92, www.friesmuseum.nl
- Oldehovetoren, Oldehoofsterkkerkhof, www.gemeentearchief.nl/oldehove
- Geburtshaus Mata Hari, Grote Kerkstraat 212
- Kuhdenkmal Us Mem, Harlingersingel/Harlingerstraatweg

Lemmer

- Herberg de Wildeman, Schulpen 6
- Duikmuseum, Kadijk 15, www.duikmuseum.nl
- Streekmuseum-Oudheidskamer Lemster Fiifgea, Nieuwburgen 1, www.fries-aarderwerk.nl
- Dampfschöpfwerk Woudagemaal, Gemaalweg 1a, www.woudagemaal.nl

Makkum

- Tonkunst und Keramikschmuck: Koninklijke Tichelaar, Turfmarkt 65, www.tichelaar.nl

Sneek

- Waterpoort, Waterpoortsgracht
- Rathaus, Marktstraat 11
- Schifffahrtmuseum: Fries Scheepvaartmuseum, Kleinzand 16, www.friesscheepvaartmuseum.nl

Stavoren

- Stadtgeschichte: Toankamer 't Ponthûs, Hellingspad 10–12, www.ponthuus.nl

Steenwijk

- Boterwaag, Waagstraat 4
- Grote Kerk oder St. Clemenskerk, Kerkstraat 22

- Nationalpark De Weerribben, Hoogeweg 27, Ossenzijl, www.np-weerribben.nl
- Park und Jugendstilhaus Rams Woerthe, Gasthuislaan 2, www.ramswoerthe.info

Terherne

- Kinderdorf Kameleon, Koailân 2, www.kameleonterherne.nl

Urk

- Kerkje aan de Zee, Prins Hendrikstraat 1
- Vissersmonument, Urkerkade

Witmarsum

- Koepelkerk, Kerkplein 2
- Kornmühle: De Onderneming, Molenweg 43, www.molendatabase.nl
- Wasserschöpfmühle: Pankoekstermolen, Rijpenderlaan 6, www.molendatabase.nl

Workum

- Waage: Warkums Erfskip, Merk 4, www.workumserfskip.nl
- Gemeindehaus, Merk 1, www.workum.nl
- Ybema's Molen, Brouwersdijk, www.molendatabase.nl

Woudsend

- Getreidemühle 't Lam, Molestrjitte 4, www.molenhetlam.nl
- Sägemühle De Jager, Ald Wyk 18, www.houtzaagmolendejager.nl
- Mühleninformationszentrum, Molestrjitte 4, www.molensinbedrijf.nl

Zwartsluis

- Reformierte Kirche, Het Singel 16, www.gereformeerdekerkzwartsluis.nl

Groningen

Assen

- Drents Museum, Brink 1, www.drentsmuseum.nl

Dokkum

- Bonifatiuskapel, Bronlaan 12
- Bonifatiuspomp, Bronlaan
- Museum Dokkum, Diepswal 27, www.museumdokkum.nl

Groningen

- Bakkerij Beukeveld, Protonstraat 20 A, www.bakkerijbeukeveld.nl
- Gasunie, Concourslaan 17, www.gasunie.nl
- Groninger Museum, Museumeiland 1, www.groningermuseum.nl
- Noordelijk Scheepvaartmuseum, Brugstraat 24, www.noordeljikscheepvaartmuseum.nl
- Martinikerk, Martinikerkhof 3, www.martinikerk.nl

Meppel

- Mariakerk, Hoofdstraat 52, www.grotekerkmeppel.nl
- Molen de Weert, Weerdstraat 80, www.molendeweert.nl

Stadskanaal

- Museumsdampfzug, Stationsstraat 3, www.stadskanaalrail.nl

Winschoten

- Mühle Edens, Nassaustraat 14, www.molens.nl
- Mühle Berg, Grintweg 61, www.molens.nl
- Mühle Dijkstra, Nassaustraat 63, www.molens.nl
- Rathaus, Langestraat 115, www.winschoterarchief.nl
- Rosarium, Mr. D.U. Stikkerlaan, www.rozenpaviljoen.nl

Zuidlaren

- Mühlenmuseum De Wachter, Havenstraat 36, www.dewachter.nl

Zwolle

- Basilika Onze Lieve Vrouwekerk, Ossenmarkt, www.olvbasiliek-zwolle.nl
- Grote Kerk oder Sint-Michaëlskerk, Grote Markt 18, www.grotekerkzwolle.nl
- Harley-Davidson Museum, Oude Almeloseweg 2–4, www.gokids.nl
- Het Vrouwenhuis, Voorstraat 46, www.vrouwenhuiszwolle.nl
- Sassenpoort, Sassenstraat 53, www.sassenpoortzwolle.nl
- Sinterklaasmuseum, Assendorperstraat 82, www.sinterklaasmusuem.com
- Stedelijk Museum Zwolle, Melkmarkt 41, www.stedelijkmuseumzwolle.nl

Westfriesland und Flevopolder

Alkmaar

- Accijnstoren, Bierkade 26
- Hollands Kaasmuseum, Waagplein 2, www.kaasmuseum.nl
- Huis met de Kogel, Appelsteeg 2, www.alkmaar.nl
- Kapelkerk, Kapelsteeg, www.kapelkerk.nl
- Käsemarkt, Waagplein, www.kaasmarkt.nl
- Stedelijk Museum Alkmaar, Canadaplein 1, www.stedelijkmuseumalkmaar.nl
- Sint-Laurentiuskerk, Verdronkenoord 78, www.alkmaarsecuyperskerk.nl

Almere

- Schouwburg Almere, Esplanade 10, www.schouwburgalmere.nl

Amsterdam

- Filmmuseum Eye, IJpromenade 1, www.eyefilm.nl
- Het Grachtenhuis, Herengracht 386, www.hetgrachtenhuis.nl
- Museum van Loon, Keizersgracht 672, www.museumvanloon.nl
- Muziekgebouw aan het IJ, Piet Heinkade 1, www.muziekgebouw.nl
- Nieuwe Kerk, Dam, www.nieuwekerk.nl
- Paleis op de Dam, www.paleisamsterdam.nl
- Rijksmuseum, Jan Luijkenstraat 1, www.rijksmusem.nl
- Scheepvaartmuseum, Kattenburgerplein 1, www.scheepvaartmuseum.nl
- Stedelijk Museum, Museumplein 10, www.stedelijk.nl

Den Helder

- Fort Kijkduin, Admiraal Verhuellplein 1, www.fortkijkduin.nl
- Marinemuseum, Hoofdgracht 3, www.defensie.nl/marinemuseum
- Nieuwe Kerk, Nieuwe Kerkplein

Harderwijk

- Dolfinarium, Strandboulevard Oost 1, www.dolfinarium.nl
- Grote Kerk, Kerkplein 1, www.grotekerkharderwijk.nl
- Linnaeustorentje, Academiestraat, www.vvvharderwijk.nl

- Palingrokerij Dries van den Berg, Burgemeester De Meesterstraat 11, www.driesvandenberg.nl
- Stadsmuseum Harderwijk, Donkerstraat 4, www.stadsmuseum-harderwijk.nl
- Vischpoort, Vischmarkt, www.vvvharderwijk.nl

Kampen

- Bovenkerk oder St. Nicolaaskerk, Koornmarkt 28, www.debovenkerk.nl
- Broederpoort, Broederweg, www.koornmarktspoort.nl
- Buitenkerk oder Onze Lieve Vrouwekerk, Buiten Nieuwstraat 101, www.rkkerkkampen.nl
- Cellebroederspoort, Cellebroedersweg, www.koornmarktspoort.nl
- Koggewerft Kamper Kogge, Havenweg 7, www.kamper-kogge.nl
- Koornmarktspoort, IJsselkade 1, www.koornmarktspoort.nl
- Nieuwe Toren, Oudestraat 146, www.kampen.nl
- Stedelijk Museum Kampen, Oudestraat 133, www.stedelijkmuseumkampen.nl

Lelystad

- Bataviawerf, Oostsvaardersdijk 01–09, www.bataviawerf.nl
- Nieuw Land Erfgoedcentrum, Oostvaardersdijk 0113, www.nieuwlanderfgoed.nl

Schagen

- Schloss Schagen, Slotplein 4, www.slotschagen.nl

Spakenburg

- Museum Spakenburg, Oude Schans 47–63, www.museumspakenburg.nl
- Klederdracht- en Visserijmuseum, Kerkstraat 20, www.kenvmuseum.nl

Zaanse Schans

- Openluchtmuseum Zaanse Schans, Schansend 7, www.zaanseschans.nl

Kleines ABC für Hausbootskipper

Alarmnummer (Notrufnummer) für Notfälle: 112.

Alkohol an Bord: Auf dem Wasser gilt landesweit ein Alkohollimit von 0,5 Promille. Die Wasserpolizei kontrolliert in den letzten Jahren strenger.

Angeln: Wer in Binnengewässern angeln will, braucht einen sogenannten *vispas*, eine schriftliche Bewilligung der regionalen Anglervereinigung. Dort steht unter anderem, mit welchen Aasen gefischt werden darf. Kaufen kann man den *vispas* im Anglergeschäft oder in einer Kleintierhandlung. Auskunft: www.sportvisserijnederland.nl

ANWB: Der niederländische Automobilclub ANWB veröffentlicht den *Wateralmanak* mit vielen praktischen Infos (Brückenhöhen, Hafeninfos, Markierungen usw.) und zahlreiche Wasserkarten (siehe »Kartenmaterial«).

Bezahlen: In den Niederlanden wird gern und oft mit der Karte bezahlt: Außer Kreditkarten ist die Bankkarte mit PIN (Maestro) dank einer nationalen Kampagne weitverbreitet und wird auch bei Kleinstbeträgen verwendet. Selbst auf vielen Märkten kann man mit dem Plastikgeld bezahlen. Das Brücken- und Schleusengeld wird allerdings noch immer bar entrichtet.

Brücken: In der Provinz Friesland werden die meisten Brücken bedient. In der Provinz Groningen muss man viele Brücken selber öffnen und schließen. Eine Liste aller Brücken samt Öffnungszeiten finden Sie auf der Website des Wasserministeriums: www.vaarweginformatie.nl (unter der Rubrik: bedientijden en vaarwegkenmerken).

Brückengeld: Sobald Sie unter einer geöffneten Brücke durchfahren, wird der Brückenwärter Ihnen an einer Angel einen typisch niederländischen Holzschuh (*klomp*) fürs Brückengeld (*bruggeld*) hinhalten. Die meisten Brücken und Schleusen kosten zwischen 1 und 5 Euro. Wenn die Durchfahrt gratis ist, schlingert Ihnen der Brückenwärter den *klomp* trotzdem zu – und freut sich über das Trinkgeld.

Brückenhöhen: Diese stehen im ANWB *Wateralmanak.*

Brückenöffnungszeiten in diesem Hausbootführer: Die einheitlichen Öffnungszeiten für die Provinz Friesland finden Sie in einem Kästchen auf Seite 62. Die Zeiten in den anderen Provinzen sind jeweils hinter dem Brückennamen in Klammern aufgeführt.

Brückenwärter: Nicht jede Brücke ist bemannt. Es kommt oft vor, dass ein Brückenwärter mithilfe von Kameras mehrere Brücken aus der Ferne bedient. Sorgen Sie dafür, dass die Kamera Ihr Hausboot registriert, denn sonst kann der Brückenwärter Sie nicht sehen. Manchmal müssen Sie einen in der Nähe der Brücke angebrachten Knopf drücken – dann kommt der Brückenwärter auf der Vespa angefahren.

Chemieklo: In vielen Häfen gibt es Pumpstationen, wo Sie den Inhalt Ihrer mobilen Toilette gegen Bezahlung abpumpen lassen können.

Eetcafés: Dies sind einfache Speiselokale, in denen Sie für nicht allzu viel Geld ein Tagesmenü essen können.

Fahrräder: Die meisten Bootsanbieter vermieten kleine Fahrräder oder Klappräder. Es empfiehlt sich sehr, diese mit an Bord zu nehmen. Damit kann man abends schnell eine Besorgung machen oder sich eine Sehenswürdigkeit in der Umgebung anschauen. Außerdem ist es in diesem topfebenen Land eine wahre Freude, sich auf dem Rad zu bewegen.

Führerschein: Für Hausboote unter 15 m Länge braucht man keinen Führerschein.

Geschwindigkeit: Abhängig von der Region sind 6 oder 9 km/h erlaubt; in Kanälen sind es oft auch 12 km/h.

Hafengeld: Dies beträgt etwa 1 Euro pro Bootslänge (plus Touristensteuer).

Hafeninfos, Brückenhöhen, Markierungen usw. siehe ANWB *Wateralmanak.*

IJsselmeer: Die meisten Hausbootvermieter untersagen eine Überfahrt über den größten niederländischen Binnensee, das IJsselmeer. Kleine Küstenabschnitte (wie etwa der Zipfel zwischen Hindeloopen und Workum) sind aber bei vielen Chartern gestattet. Erkundigen Sie sich vor der Abfahrt bei Ihrem Vermieter.

Kartenmaterial: ANWB-Wasserkarten sind an Bord unentbehrlich. Die nationale *Waterkaart* gibt nur einen groben Überblick über die verschiedenen Gewässer. Viel detaillierter ist der *Wateratlas*, den es von den meisten

Wasserregionen gibt. Darin sind alle Brücken, Schleusen, Fahrrinnenmarkierungen und vieles mehr eingezeichnet.

Kleingeld: Es lohnt sich, immer ein Portemonnaie mit Münzen auf dem Führerstand parat zu haben. Bei Brücken und Schleusen wird – sofern sie überhaupt etwas kosten – bar bezahlt.

Ladenöffnungszeiten: Die liberale Gesetzgebung lässt niederländischen Ladenbesitzern viel Freiheit, was das Öffnen und Schließen ihrer Geschäfte betrifft. Es gibt deshalb keine einheitlichen Zeiten. Übliche Öffnungszeiten sind von 9 bis 18 Uhr, Supermärkte bis 21 Uhr, in größeren Orten bis 22 Uhr. In touristischen Gebieten sind die Läden auch am Sonntag offen, anderswo sind 12 verkaufsoffene Sonntage pro Jahr erlaubt. Je nach Region ist am Donnerstag oder Freitag bis 21 Uhr ein verkaufsoffener Abend. Vielerorts sind die Geschäfte am Montagvormittag geschlossen.

Literatur:
- Mak, Geert: »Wie Gott verschwand aus Jorwerd«. Ein friesisches Dorf ändert sich in nur zwei Generationen.
- Rosenboom, Thomas: »Der Nachfolger«. Zwei erbitterte Rivalen und ein unmöglicher Schiffsbau in der Provinz Groningen.
- Simenon, George: »Der Mörder«. Simenon lebte in den 1930er-Jahren in Sneek und beschreibt in diesem Roman das spießige Provinzleben.

Markierungen, Hafeninfos, Brückenhöhen usw. siehe ANWB *Wateralmanak*.

Reisezeit: Mai bis Ende September sind gut geeignet für eine Hausbootreise. Zur Hauptsaison im Juli und August sind die Gewässer in Friesland stark befahren.

Schleusen: Braucht man, um Gewässer mit Niveauunterschieden zu verbinden. Bei den meisten Schleusen muss man sich eine halbe Stunde vor der letzten Schleusung einfinden. Die in diesem Hausbootführer angegebenen Zeiten beziehen sich auf den Zeitraum zwischen April und Oktober. Im Winter sind viele Schleusen geschlossen oder werden nur nach telefonischer Voranmeldung bedient.

Schleusengeld: Die meisten Schleusen sind entweder gratis oder kosten zwischen 1 und 5 Euro (siehe Brückengeld). Manchmal bezahlt man einen Kombitarif für eine Schleuse und mehrere darauffolgende Brücken. Die Preise sind in diesem Hausbootführer angegeben; wenn kein Preis vermerkt wird, ist der Schleusenvorgang gratis.

Schleusenvorgang: Sobald sich das Schleusentor öffnet, fährt man in die Schleusenkammer und legt eine Bug- und eine Heckleine um die Poller an der Schleusenwand. (Fender an der Bordwand nicht vergessen!) Meistens werden mehrere Schiffe gleichzeitig geschleust. Wenn alle vertäut sind, schließt der Schleusenwart das Tor. Nun wird Wasser ein- oder ausgelassen und Sie müssen Leine nachgeben oder einholen – je nachdem, ob es sich um eine Aufwärts- oder eine Abwärtschleuse handelt. Wenn der Vorgang beendet ist, öffnet der Schleusenwart das andere Tor. Holen Sie die Leinen ein und fahren Sie weiter.

Schwimmwasserqualität: In immer mehr Binnengewässern kann man schwimmen. Allerdings ist die Wasserqualität nicht überall optimal. Erkundigen Sie sich beim örtlichen Touristenbüro oder schauen Sie auf der Webseite www.zwemwater.nl nach. Dort gibt es eine Liste, wo die Schwimmmöglichkeiten je Provinz aufgeführt sind.

Staande Mastroute (Stehende Mastroute): Eine Route für Segelboote, deren Masten höher als 6 m sind. Sie führt über größere Wasserstraßen vom Norden der Niederlande bis in die Südprovinz Zeeland und vom IJsselmeer bis nach Delfzijl im Nordosten. Die meisten dieser Streckenabschnitte sind stark befahren.

Touristeninformation: In größeren Orten finden Sie Schilder mit der Aufschrift »Tourist Information«. Anderswo verweisen blaue Schilder mit drei weißen Vs (wird Fefefe ausgesprochen) auf Fremdenverkehrsbüros, wo Sie Informationen über den betreffenden Ort bekommen. Die Abkürzung VVV steht für *Vereiniging voor Vreemdelingenverkeer*.

Touristensteuer: Die meisten Yachthäfen berechnen pro Nacht und Person ungefähr 1 Euro.

Vorfahrt: Kleine Schiffe (kürzer als 20 m) müssen größeren Motorbooten immer die Vorfahrt lassen.

Wasserzapfpunkte: Als Gegenmaßnahme gegen die Unmengen an Plastikwasserflaschen richtet die niederländische Regierung bis 2020 landauf, landab Wasserzapfstellen ein. Aus diesen modernen »Dorfbrunnen« kann man seinen Trinkbehälter gratis auffüllen – oder das kühle Nass an Ort und Stelle trinken.

Zugbrücken: Wer sich einer Zugbrücke (respektive Klappbrücke) oder einer Schleuse nähert, ist gehalten, hinter den wartenden Booten anzuschließen. Sobald die Brücke offen ist, müssen Sie so rasch wie möglich durchfahren. Anweisungen des Personals sind immer zu befolgen.

Ortsregister

Niederländisch für Hausbootreisende

Deutsch	Niederländisch	Aussprache
Rund ums Hausboot		
Ablegen	afleggen	aflechen
Anlegen	aanleggen	aanlechen
Anlegestelle	aanlegsteiger	aanlechstäicher
Backbord	bakboord	bakboord
Breite	breede	breede
Brücke	brug	brüch
Brückengeld	bruggeld	brüchcheld
Erste Hilfe	eerste hulp	erste hülp
Fahrrad	fiets	fiits
Fahrverbot	vaarverbod	faarverbod
Fender	stootkussen	stootküssen
Flotte	vloot	floot
Fluss	rivier	riviir
Geradeaus	rechtdoor	rechtdoor
Gewitter	onweer	onweer
Hafen	haven	hafen
Hafenamt	havenkantoor	hafenkantoor
Hafenmeister	havenmeester	hafenmeester
Hausboot	woonboot	woonboot
Höhe	hoogte	hoochte
Kanal	kanaal	kanaal
Knoten	knoop	knoop
Kombüse	kombuis	komböis
Länge	lengte	lengte
Lenkrad	stuur	schtüür
Leuchtturm	vuurtoren	füürtooren
Meer	zee	see
Motorenöl	motorolie	motorooli
Motorschaden	motorpech	motorpech
Schauer	bui	böi
Schleuse	sluis	slöis
Schleusentor	sluisdeur	slöisdöör
Schraube	schroef	s-chruuf
See	meer	meer
Segelboot	zeilboot	seilboot
Steuerbord	stuurboord	schtüürboord
Steuerhaus	stuurhut	schtüürhüt
Steuerungsanlage	stuurinrichting	schtüürinrichting

Tankstelle	pompstation	pompstassion
Tiefgang	diepgang	diipchang
Toilette	toilet	tualet
Trosse	tros	tros
Umleitung	omleiding	omleiding
Wasser	water	water
Wetter	weer	weer

Rund ums Essen

Aal	paling	paling
Abendbrot	diner	dinee
Apfel	appel	appel
Apfelkuchen	appelgebak	appelchebak
Bier	pilsje	pilsje
Brot	brood	brood
Butter	boter	boter
Eier	eieren	äieren
Fisch	vis	fis
Fischhändler	visboer	fisbuur
Früchte	fruit	fröit
Frühstück	ontbijt	ontbäit
Huhn	kip	kip
Kaffee	koffie	koffii
Kakao	chocolademelk	schokolademelk
Karotte	wortel	wortel
Kartoffeln	aardappelen	aardappelen
Lakritz	drop	drop
Lauch	prei	präi
Marmelade	jam	schäm
Milchkaffee	koffie verkeerd	koffii verkeerd
Mineralwasser	Spa rood	spa rood
Mittagessen	lunch	lünsch
Obst	fruit	fröit
Orangensaft	sinaasappelsap	sinasappelsap
	jus d'orange	schü d-oransche
Praline	bonbon	bonbon
Reis	rijst	räist
Sahne	room	room
Salat	sla	slaa
Schinken	ham	ham
Stilles Wasser	Spa blauw	spa blau
Tee	thee	tee
Wasser mit Kohlensäure	water met prik	water met prik

Wein	wijn	wäin
Wurst	worst	worst

Anderes

Abends	s'avonds	s-avonds
Auf Wiedersehen	tot ziens	tot ziins
Auskunft	inlichtingen	inlichtingen
Auto fahren	autorijden	autoräiden
Bahnhof	station	staschion
Bis später	tot straks	tot straks
Bitte	alstublieft	astüblift
Entschuldigung	pardon	pardon
Fahrradkorb	stuurmand	schtüürmand
Feiertag	feestdag	feestdach
Fieber	koorts	koorts
Geöffnet	open	open
Gern geschehen	graag gedaan	chraach chedaan
Geschlossen	gesloten	chesloten
Gestern	gisteren	chisteren
Guten Abend	goedenavond	chudenavond
Guten Morgen	goede morgen	chude morche
Guten Tag	goede dag	chude dach
Haben Sie …	heeft u …	heeft ü …
Heute	vandaag	vandaach
Ich möchte bestellen	mag ik bestellen?	mach ik bestellen?
Ja	ja	ja
Kann ich bezahlen?	mag ik afrekenen?	mach ik afrekenen?
Kirche	kerk	kerk
Können Sie mir sagen?	kunt u mij zeggen?	künt ü mäi sechen?
Krankenhaus	ziekenhuis	sikenhöis
Mittags	's middags	s-middachs
Morgens	's morgens	s-morchens
Mückenstich	muggenbeet	müchenbeet
Nachmittags	's middags	s-middachs
Nein	nee	nee
Schwimmen	zwemmen	swemme
Shoppen	winkelen	winkelen
Wann?	wanneer?	waneer?
Was kostet das?	hoeveel kost dit?	hufeel kost dit?
Wo ist …?	waar is …?	waar is …?
Wohin	waarnaartoe	waarnaartuu
Zum Baden geeignetes Gewässer	zwemwater	swemwater